いつものおかずがおいしく変わる！

塩麹・しょうゆ麹の定番レシピ

武蔵裕子

新星出版社

はじめに

塩麹

しょうゆ麹

"麹"は発酵食品である、みそ、しょうゆ、みりん、酒など
に使われ、大昔から日本では、麹がなくては"食"が成り立
たないほど、日本の食の中心を占めていました。その中でも
手作りの塩麹が注目されるようになって10年以上経とうとし
ています。

　昨今、みんなが仕事や子育てなど非常に忙しい生活を送
るようになり、時短でおいしい料理を作りたい、でも健康に
は気づかいたい！というムードになってきました。毎日のごは
んで"免疫力アップ"ができたらと願うばかりです。

　本書の手作り塩麹・しょうゆ麹は、塩分がひかえめでまろ
やかな味わいが特徴です。時間があるときに仕込んでおき、
「いつものおかずに加えれば、それだけで味が簡単に決まる！」
というのも本当にうれしい調味料です。

　また私自身、日頃から栄養価が高く、下ごしらえのラクな
きのこを毎日食べているおかげで体の調子がいいようです。
健康効果の高い塩麹・しょうゆ麹と組み合わせてこまめにと
れば、病気やストレスに負けない体づくりに役立つのではな
いでしょうか。

　時代の流れによっておうちで過ごす時間が増える中、どう
ぞ毎日の健康的な食生活に塩麹・しょうゆ麹のレシピをご
活用いただけますと幸いです。

武蔵裕子

contents

Part 1
きのこ＋麹のパワーで免疫力アップおかず

Part 2
定番人気メインおかず

column-1
塩麹 de 簡単スープ

Part 5
たれ・ソース・ドレッシング

本書は小社発行の『ちょい足しで絶品おかず！ 決定版塩麹レシピ100』『あっという間に絶品おかず！
決定版しょうゆ麹レシピ100』の中から人気レシピを厳選したものに、新たに撮影したレシピを加えて
再構成・再編集しています。

塩麹の作り方 ～基本レッスン～

● 材料（作りやすい分量）と 道具

米麹（乾燥） …………… 200g
天然塩 …………………… 40g
常温の水　…2カップ（400ml）

・ボウル（大）
・ゴムべら
・ふたつきの保存容器

米麹（乾燥）
200g

天然塩（粗塩）
40g

常温の水
2カップ
（400ml）

＊本書では手に入りやすい乾燥の
　米麹を使用します。
＊麹は湯でもどす必要はありません。

＊天然塩は精製塩より
　塩気がまろやかなので
　おすすめです。

＊冷蔵庫でに冷やしたも
　のではなく、常温の水を
　使用します。
＊水はミネラルウォーターで
　も水道水でも、ご家庭でふ
　だん使われているもので問
　題ありません。

ボウル（大）

＊ボウルはすべての材料を入れて混ぜても
　余裕のある、大きめのものを使うと便利です。

ゴムべら

＊材料を混ぜるときに使いますが、
　なければスプーンでもOKです。
　どちらも清潔なものを使いましょう。

ふたつきの保存容器

＊保存容器は塩麹を混ぜるときにこぼれ
　ないような、やや深めで少し容量に
　余裕があるものを使用します。
　容器の材質はプラスチック、ホウロウ、
　陶器、ガラスなどがおすすめです。

1 麹をほぐす

ボウルに米麹を入れ、手で握って細かくほぐしてパラパラの粒状にする。

※今回使用した兵藤糀店さんの乾燥米麹は、ある程度、ほぐれているタイプですが、市場で流通している米麹には板状になっているタイプもあります。その場合は、適当な大きさに手で割ってからほぐしてください。

板状タイプの米麹

2 塩を加え、もんでなじませる

ボウルに塩を加え、ほぐした麹とムラなく混ぜ合わせたら、両手でギュッ、ギュッともんでなじませる。

本書で使用した米麹（乾燥）

扱いやすいバラタイプ。米粒の芯までしっかり麹になっていて発酵力が高い。

米こうじ
兵藤糀店（商品のお問い合わせはp144を参照）

3 常温の水を加える

ボウルに常温の水を加えて清潔なゴムべら、またはスプーンで全体をよく混ぜ合わせ、塩を溶かす。

4 保存容器に移し替え、室温で寝かせる

清潔な保存容器に移し替える。ゆるめにふたをし、常温で寝かせる。いつ寝かせたか、日付を貼っておくと便利。

※完全にふたをして外気を遮断してしまうと発酵しづらくなります。

室温について

地域や住宅環境によって異なり、寒い地域では時間がかかりますが、気密性の高い住居なら冬でも目安の期間よりも早く発酵することがあります。ただ、寒すぎると発酵がどうしても遅くなるので、その場合は自宅で一番暖かい場所で寝かせてください。室温の目安は20〜23℃前後がおすすめです。

＊ 寝かせる期間 ＊

季節によって異なりますので下記の一覧を目安に寝かせましょう。

季 節	寝かせる期間
春・秋	7日〜10日間
夏	5日〜7日間
冬	10日〜14日間

5 1日に1〜2回、塩麹をかき混ぜる

塩麹を寝かせている期間は、1日1〜2回はかき混ぜる。

途中経過〈4日目〉

1日目に比べると麹が少しやわらかくなってきましたが、塩気が立っていて麹の甘みが出てきていません。

6 塩麹が完成！

麹の甘い香りがし、見た目はおかゆのようにふっくら、色味も少し黄味を帯びた状態であることを確認。食べてみて、麹の芯がなくなってやわらかくなり、まろやかな塩気でほんのり甘みも出ていたらでき上がり。

7 保存方法＆賞味期限

塩麹が完成したら、保存容器のふたをしっかり閉め、必ず冷蔵庫で保存する。完成したあとでも水と麹が分離するので、清潔なゴムべらまたはスプーンで、ときどきかき混ぜるとさらにおいしくなる。賞味期限は1〜2ヶ月。

しょうゆ麹の作り方 ～基本レッスン～

💧 **材料** (作りやすい分量) **と 道具**

米麹（乾燥）·················· 200g
天然塩（粗塩）·················· 20g
常温の水 ········ 1カップ（200ml）
濃口しょうゆ······ 1カップ（200ml）

・ボウル(大)
・ゴムべら
・ふたつきの保存容器

 **+**  **+** **+**

米麹
（乾燥）
200g

＊本書では手に入りやすい
乾燥の米麹を使用します。
＊麹は湯でもどす必要は
ありません。

天然塩
（粗塩）
20g

＊天然塩は精製塩より
塩気がまろやかなので
おすすめです。

常温の水
1カップ
（200ml）

＊冷蔵庫で冷やしたものではなく、常温の
水を使用します。
＊水はミネラルウォーターでも水道水でも、
ご家庭でふだん使われているもので
問題ありません。

濃口しょうゆ
1カップ
（200ml）

ボウル（大）

＊ボウルはすべての材料を入れて混ぜても
余裕のある、大きめなものを使うと便利です。

ゴムべら

＊しょうゆを混ぜるときに使いますが、
なければスプーンでもOKです。
どちらも清潔なものを使いましょう。

ふたつきの保存容器

＊保存容器は麹と液体がなじみやすく、
またしょうゆ麹を混ぜるときにこぼれないような、
口の広く、少し容量に余裕があるものを使用します。
容器の材質はプラスチック、ホウロウ、
陶器、ガラスなどがおすすめです。

1 麹をほぐす

ボウルに米麹を入れ、手で握って細かくほぐしてパラパラの粒状にする。

※今回使用した米麹（乾燥）はあらかじめ、ほぐれているバラタイプ。よく流通している板状タイプを使用する場合は、適当な大きさに手で割ってからほぐしてください。

板状タイプの米麹

2 塩を加えて
もんでなじませ、
常温の水を加える

ボウルに塩を加え、ほぐした麹とムラなく混ぜ合わせたら、両手でギュッ、ギュッともんでなじませ、常温の水を加える。

本書で使用した米麹（乾燥）
扱いやすいバラタイプ。米粒の芯までしっかり麹になっていて発酵力が高い。

米こうじ
兵藤糀店（商品のお問い合わせはp144を参照）

3 両手でもみ合わせ、さらにこすり合わせるように混ぜる

常温の水を加えたら、塩が溶けるように全体を混ぜ合わせ、両手でギュッ、ギュッともんでなじませる。さらに両手をこすり合わせるようにしてもみ合わせる。

4 しょうゆを加え、ゴムべらで2〜3分混ぜる

しょうゆを加えたら、しょうゆの色が濁って、全体がとろりとするまでゴムべらで2〜3分、よく混ぜ合わせる。

5 保存容器に移し替え、常温で寝かせる

清潔な保存容器に移し替える。ゆるめにふたをし、常温で寝かせる。仕込んだ日付を貼っておくと便利。

※完全にふたをして外気を遮断してしまうと発酵しづらくなります。

＊ 寝かせる期間 ＊
季節によって異なりますので右記の一覧を目安に寝かせましょう。

季 節	寝かせる期間
春・秋	7日〜10日間
夏	5日〜7日間
冬	10日〜12日間

＊ 室温について ＊
地域や住宅環境によりますが、室温の目安は20〜23℃前後がおすすめ。真夏で高温多湿な場所だと、目安の期間よりも発酵が早く進み、アルコール臭がする場合があります。そうなると酒のような風味が強くなり、そのまま使う場合、おいしくない場合もありますので、早めに冷蔵庫に入れてください。反対に寒い地域では目安の期間よりも時間がかかることがあります。その場合は自宅で一番暖かい場所で寝かせてください。

6 1日に1〜2回、しょうゆ麹をかき混ぜる

しょうゆ麹を寝かせている期間は、1日に1〜2回、ゴムべらで底からすくい上げ、空気を含ませるようにかき混ぜる。

途中経過（4日目・春の場合）
1日目に比べると、米粒のまわりが少しやわらかくなってきたが、まだ芯があり、甘みも少ない。

7 しょうゆ麹が完成！

指やスプーンで麹の粒がつぶせるくらい、芯がなくなってやわらかくなり、見た目のとろみも増してきたらでき上がり。完成後は保存容器のふたをしっかり閉め、必ず冷蔵庫で保存を（水分と麹が分離するので、清潔なゴムべらまたはスプーンでときどきかき混ぜるとさらによい）。賞味期限は1〜2ヶ月。

麹としょうゆもメーカーによって、右の写真のように粒の形がくずれて残っていても、芯までやわらかくなっていればOK。また色味が少し薄茶色に仕上がっても問題ありません。

塩麹・しょうゆ麹にまつわる Q & A

塩麹・しょうゆ麹作りに関してよく聞かれる疑問＆質問をまとめてみました。

Q 塩麹・しょうゆ麹を作り始めたのですが、4日ほど経ったら見た目がパサパサと乾燥してきましたが、大丈夫?

A 気密性のある部屋や暑い季節ですと、水分の蒸発が多くなりがちです。パサパサした塩麹・しょうゆ麹では扱いにくいので、多少の水を足し、塩分濃度にバラつきがないように全体をよく混ぜてください。どうしても夏場で水分の蒸発が気になる場合は、時間はかかりますが、冷蔵庫に入れて発酵させるのも一つの方法です。

Q 米粒がブツブツと切れている米麹を使ったら、でき上がりが水っぽくなってしまいました。どうして?

A 乾燥麹には破砕米など割れているものもありますが、品質に問題ありません。米粒の芯まで麹になっていない場合、発酵力が弱くなって水っぽく仕上がることがあります。

Q 市販の塩麹・しょうゆ麹を使う場合は?

A 本書でご紹介している塩麹・しょうゆ麹は、市販のものより塩分がひかえめになるように配合しています。市販のものは比較的塩分量が多いので、レシピに記載の分量より少し減らしてお使いください。

Q 乾燥麹と生麹の違いは?

A 室から出たときの麹はすべて生麹です。室から出しても常温でゆっくり発酵は進むので、温度管理が悪ければ腐敗することも。常温でも発酵が進まないようにしたのが乾燥麹。乾燥麹は水分を与えれば、生麹と同じ状態に戻ります。どちらを使っても酵素の働きに違いはありません。乾燥麹は直射日光が当たらない冷暗所（暑い季節は冷蔵庫または冷凍庫）で約1年、生麹は冷蔵庫で1〜2週間保存ができ（冷凍庫なら2〜3ヶ月）、冷凍した場合は冷蔵庫で自然解凍してから使います。

Q 多めに作って冷凍しても大丈夫?

A 冷凍しても酵素が死滅するわけではないので、問題ありません。冷凍する場合は小分けにして保存するのがおすすめ。使うときは冷凍庫から出して冷蔵庫で解凍してください。解凍後は早めに使用するのがベターです。

この本の使い方

塩麹で

塩麹きのこの
チキンロール

3種類のきのこでおいしさ倍増!
レンチンだから手間もかかりません。

お弁当

冷めてもおいしく、お弁当向きの
レシピには、のマークがつ
いています。

塩麹
Point

しょうゆ
麹
POINT

塩麹・しょうゆ麹を使う理由やタ
イミングなどをわかりやすく説明し
たポイント。作り方の本文にも
で印がしてあります。

* 材料と作り方は原則として2人分で表記してありますが、
  レシピによっては作りやすい分量で表記してあるものもあります。

* 計量の単位は1カップが200ml、大さじ1が15ml、小さじ1が5mlです。

* 調味料に特に注釈がない場合は、「砂糖」は上白糖、「みそ」は好みのみそ、
  「しょうゆ」は濃口しょうゆ、「バター」は有塩バターを使用しています。

* 材料表にあるだし汁は市販のインスタントだしを表示に従って湯で溶かしたもので
  代用できます。

* 電子レンジの加熱時間は600Wの場合の目安です。
  500Wの場合は1.2倍、700Wの場合は0.8倍に換算して加熱してください。

* 電子レンジ、オーブン、オーブントースター、魚焼きグリルは機種によって加熱時間が
  異なる場合がありますので、取扱説明書の指示に従い、様子をみながら調理してください。

* エネルギー量&塩分量は原則として1人分で、作りやすい分量のレシピは
  もっとも参考にしやすい単位で表記してあります。なお、エネルギー量&塩分量の数値は
  2019年における『日本食品標準成分表2015年版(七訂)のデータ更新
  (文部科学省科学技術・学術審議会資源調査分科会報告)』をもとに算出しています。

* 塩麹や塩麹に漬けた食材は、保存方法や扱い方によっては、雑菌が混入する場合があります。
  味や臭い、見た目に異常を感じたら、無理をせず、摂取をやめてください。
  まれに塩麹が体質に合わない場合がありますので、不調を感じたら摂取を中止し、
  医師に相談してください。

Part 1

きのこ + 麹のパワーで 免疫力アップおかず

栄養価が高い塩麹・しょうゆ麹に1年中手に入りやすい
きのこを組み合わせた、かんたんレシピをご紹介。
それぞれの食材の健康効果を学びながら、毎日のごはんに取り入れ
病気やストレスに負けない体作りをしましょう!

麹のうれしい健康効果

ビタミンB_1・B_2・B_6などのビタミンB群、オリゴ糖、GABA、コウジ酸などが含まれていて、疲労回復、腸内環境の改善、免疫力アップ、動脈硬化の予防、美肌効果などが期待できます。

しかも
本書の手作り塩麹・しょうゆは塩分ひかえめでうまみたっぷり!
いつものおかずに安心して使えます!

粗塩小さじ1なら
＝塩分5g

↓

塩麹小さじ1なら
＝塩分0.3g

濃口しょうゆ小さじ1なら
＝塩分0.9g

↓

しょうゆ麹小さじ1なら
＝塩分0.5g

きのこのうれしい成分

きのこ類は食物繊維、ビタミンB群、カリウムなどが豊富で、なかでも食物繊維の一種のβ-グルカンは、腸内の免疫細胞を活性化させて、病気やストレスの予防に役立つといわれています。

まいたけ
ビタミン B₁・B₂、ナイアシン、葉酸のほか、免疫細胞を活性化させる MD フラクション、血糖値の上昇をゆるやかにしてくれる MX フラクションも含まれています。

しいたけ
ビタミンDのほか、血中のコレステロール値を低下させるエリタデニン、免疫力を高めるβ-グルカンの一種、レンチナンなどが含まれています。

マッシュルーム
きのこ類のなかでは特に低カロリーでたんぱく質が多く、ビタミン B₂、パントテン酸、カリウム、銅などもバランスよく含まれています。

えのきたけ
疲労回復の効果のあるビタミン B₁、脂質代謝を促すビタミン B₂ のほか、リラックス効果のある GABA なども豊富です。

エリンギ
ビタミン B₂・B₆、ナイアシンをはじめ、腸内を掃除してコレステロール値を下げる食物繊維、高血圧の予防に役立つカリウムもたっぷりです。

なめこ
食物繊維、カリウム、ナイアシン、葉酸、トレハロース、コンドロイチンなど健康維持に欠かせない栄養素が含まれています。使うときはさっと洗って。

しめじ
ビタミン B₁・B₂・D、ナイアシン、パントテン酸、食物繊維をはじめ、二日酔い予防や美肌効果のあるオルニチンなどが含まれています。

塩麹・しょうゆ麹にきのこを組み合わせて丈夫な体を手に入れよう！

塩麹で

塩麹きのこの
チキンロール…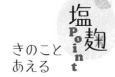

3種類のきのこでおいしさ倍増！
レンチンだから手間もかかりません。

材料（2人分）

鶏もも肉……大1枚（約350g）
えのきたけ……小½袋（50g）
しめじ……½パック
しいたけ……小3個
塩麹……大さじ2〜3
塩、こしょう……各少々
ミニトマト、クレソン（お好みで）…各適量

作り方

1 えのきたけは根元を切り落とし、3等分に切る。しめじは石づきを取り、ほぐす。しいたけも石づきを取り、薄切りにする。ボウルにきのこを入れ、塩麹を加えてしっかりあえる。

2 鶏肉はなるべく平らになるように包丁で開き、軽く塩、こしょうをする。ラップ（30㎝四方）に鶏肉を置いて1を横長にのせ、手前からキュッときつめに巻き、左右をキャンディ状にしっかりねじる。

3 耐熱皿に2をのせ、電子レンジで6分加熱する。完全に冷めてから切り分けて器に盛り、お好みでミニトマト、クレソンを添える。

◆ 1人分 387kcal
◆ 塩分 1.8g

塩麹 Point
きのこと
あえる

レンジで加熱する前にきのこと塩麹をよくあえておくときのこのうまみが増す。

きのこたっぷり
魚介の塩麹蒸し

魚介ときのこ、塩麹の３つのうまみが
組み合わさり蒸し汁までおいしい！

🍄 材料（2人分）

すずき（または生たらやたい）……２切れ
あさり（砂出し済み）……200 〜 250 g
マッシュルーム（白またはブラウン）
　　……8 〜 10個
ミニトマト ……6 〜 8個
にんにく（薄切り）……１かけ分
A｜塩麹……大さじ３
　｜白ワイン ……¼カップ
オリーブオイル…大さじ２
黒オリーブ（輪切り・お好みで）……適量
パセリ（みじん切り・お好みで）……適量

🍄 作り方

1 すずきは３等分に切る。あさりは流水で殻を
　こすり合わせてよく洗い、水けをきる。マッ
　シュルームは石づきを取り、縦半分に切る。A
　の塩麹に白ワインを加えてなじませておく。

2 フライパンに魚介、ミニトマト、マッシュルー
　ムを並べ、A を回しかけ、にんにくを散らす。
　オリーブオイルを回しかけ、ふたをして中火で
　３分、弱火にして２分蒸し焼きにする。

3 器に 2 を盛り、お好みで黒オリーブ、パセリを
　散らす。

◆ 1人分 274 kcal
◆ 塩分 2.5g

塩麹 Point

白ワインと
なじませる

あらかじめ、塩麹に白ワ
インをなじませておくと
風味がよくなり、具材に
もまんべんなく味が行き
渡る。

きのことささみの塩麹パスタ

フライパンひとつで作れるお手軽パスタ。
スパゲッティの太さと水分量は必ず守って。

材料 (2人分)

鶏ささみ ……3本
まいたけ ……½パック
しいたけ ……3個
スパゲッティ (1.4mm・5分ゆでで)
　……160g
水 ……2カップ
酒 ……大さじ1
塩麹 ……大さじ3
ごま油 ……大さじ½

◆ 1人分 435kcal
◆ 塩分 1.7g

作り方

1 鶏ささみは筋を取り、ひと口大のそ
ぎ切りにする。まいたけは小さくほ
ぐす。しいたけは石づきを取り、4
等分に切る。

2 フライパンに水、酒、塩麹、スパゲ
ッティを半分に折って入れ、鶏ささ
みも入れる。

3 ふたをして強めの中火にかけ、煮立
ったら一度ほぐすように混ぜる。き
のこを加えて再びふたをし、弱めの
中火で5分蒸しゆでにする。ふたを
取って少し水分をとばし、ごま油を
回しかけてざっと混ぜる。

塩麹 Point

調味料に
使う

塩麹とスパゲッティを
一緒に蒸しゆですれば
味つけ完了。

きのことひき肉の塩麹あんかけごはん

しょうがと塩麹の相性が抜群！
体が温まるヘルシーなひと皿です。

材料 (2人分)

しいたけ……2～3個
しめじ……1パック
豚ひき肉……150g
しょうが (みじん切り)
　　……小1かけ分
ごま油……大さじ1
A 　水……1カップ
　　塩麹……大さじ2
水溶き片栗粉
　　片栗粉、水……各小さじ1½
温かいごはん……茶碗2杯 (300g)
ザーサイ (味つき・お好みで)
　　……適量

◆ 1人分 529kcal
◆ 塩分 1.1g

作り方

1 しいたけは石づきを取り、1～1.5cm角に切る。しめじも石づきを取り、2cm長さに切る。

2 フライパンにごま油、ひき肉、しょうがを入れて中火にかけ、肉の色が変わるまで炒めたら、1を加えてさっと炒め合わせる。

3 Aを加えて2～3分煮て、水溶き片栗粉でとろみをつける。器にごはんを盛ってあんをかけ、お好みでザーサイを添える。

塩麹
Point
調味料に
使う

マッシュルームとベーコンの塩麹炒め…

塩麹のうまみがダイレクトに堪能できます。
しめじやエリンギなどでも試してみて！

材料 (2人分)

マッシュルーム……5〜6個
ベーコン……2枚
オリーブオイル(またはサラダ油)
　　……大さじ1
塩麹……大さじ1
粗挽き黒こしょう……適量

◆ 1人分 109kcal
◆ 塩分 1.0g

作り方

1 マッシュルームは石づきを取り、縦3
　等分に切る。ベーコンは3cm幅に切
　る。

2 フライパンにオリーブオイル、ベーコン
　を入れて中火にかけて炒める。油が回
　ったらマッシュルームも加えて炒め、
　少しくったりしたら塩麹を加えて炒め
　合わせ、粗挽き黒こしょうをふる。

塩麹
Point
←調味料に
使う

きのこの塩麹ナムル…

あっという間に作れるスピードナムル。
塩麹だれは粗熱がとれてからあえて。

材料（2人分）

エリンギ……中2本
しいたけ……3個
A にんにく（すりおろし）
　　……小1かけ分
　塩麹、白すりごま、ごま油
　　……各大さじ1

◆ 1人分 96kcal
◆ 塩分 0.5g

作り方

1 エリンギは縦半分に切ってから、斜め
薄切りにする。しいたけは石づきを取
り、薄切りにする。
2 1を混ぜ合わせて耐熱ボウルに入れ、
ふんわりとラップをかけて1分30秒
加熱する。粗熱がとれたらAを加えて
あえる。

塩麹
Point
調味料に
使う

しょうゆ麹で

しょうゆ麹の 煮込みハンバーグ … お弁当

手間のかかるハンバーグはしょうゆ麹で簡単に！
きのこたっぷりでボリュームも満点。

材料（2人分）

合いびき肉 …… 250 g
玉ねぎ（みじん切り）…… 1/4個分
しいたけ …… 2 ～ 3個
まいたけ …… 1/2パック
溶き卵 …… 1/2個分
しょうゆ麹 …… 大さじ 1
サラダ油 …… 大さじ 1/2
A 水 …… 1/2カップ
　 しょうゆ麹 …… 大さじ 2
貝割れ菜 …… 少々

作り方

1 ポリ袋に合いびき肉を入れ、溶き卵、し
　 ょうゆ麹を加えてよくもむ。玉ねぎも加え
　 てさらにもむ。

2 しいたけは石づきを取って薄切り、まい
　 たけはほぐす。

3 冷たいフライパンにサラダ油を入れ、1の
　 肉だねを2等分にして楕円形にまとめな
　 がら並べ入れる。やや強めの中火にかけ
　 て2 ～ 3分焼き、裏返してさらに2 ～ 3
　 分焼く。

4 両面にしっかり焼き色がついたら、**A、2**
　 を加えてふたをして弱めの中火で7 ～ 8
　 分煮る。汁ごと器に盛り、食べやすく切っ
　 た貝割れ菜を散らす。

◆ 1人分 423kcal
◆ 塩分 2.5g

しょうゆ麹 POINT

下味にも
つなぎにも
大活躍！

しょうゆ麹さえあれば下
味はもちろん、つなぎの
代わりにもなり、ジュー
シーな口当たりに。

煮込みソースに
使う

鶏肉とエリンギの梅じょうゆ麹煮 …

梅干しの酸味には
免疫力をアップさせる効果も期待できます。

材料（2人分）

鶏もも肉（から揚げ用）
　　……8個
エリンギ……中2本
サラダ油……大さじ½
水……1カップ
みりん……大さじ1
砂糖……小さじ1
しょうゆ麹……大さじ2
梅干し（甘くないもの）
　　……大1個

◆ 1人分 323kcal
◆ 塩分 3.3g

作り方

1 エリンギは長さを半分に切ってから縦に
　2〜4等分に切る。

2 フライパンにサラダ油を中火で熱して
　鶏肉を入れて焼く。全体に色が変わった
　ら1を加えて炒め合わせる。水も加えて
　ふたをして、沸騰したら弱めの中火にし
　て5〜6分蒸し煮にする。

3 みりん、砂糖、しょうゆ麹を加えてふた
　をし、弱火にしてさらに3〜4分煮る。
　梅干しをちぎり入れて煮汁が少なくなる
　まで煮る。

しょうゆ麹
POINT
← 調味料に使う

きのこのしょうゆ麹納豆チャーハン

発酵食品の納豆を合わせた健康チャーハン。
えのきたけの歯ごたえも楽しんで！

🥄 材料（2人分）

えのきたけ……小½袋（50g）
納豆……2パック（40g×2）
温かいごはん……茶碗2杯分
小ねぎ（小口切り）
　　……3〜4本分
しょうゆ麹……大さじ2
ごま油……大さじ1
塩……少々

◆ 1人分 425kcal
◆ 塩分 1.8g

🥄 作り方

1 えのきたけは根元を切り落とし、1
〜1.5cm長さに切る。

2 納豆にしょうゆ麹を加えてよく混ぜ
ておく。

3 フライパンにごま油と2を入れて弱
めの中火にかけ、少し炒めるように
する。1を加えてさっと炒め合わせ、
しんなりしてきたらごはんを加え、火
を強くして手早く炒め合わせる。塩
で味をととのえて小ねぎを混ぜ、火
を止める。

しょうゆ麹
POINT

納豆と
混ぜておく

納豆としょうゆ麹を混
ぜておくと納豆がフラ
イパンにくっつきにくく
パラリと仕上がる。

きのこのしょうゆ麹焼きうどん …

調味料はなんとしょうゆ麹だけ！
冷凍うどんも解凍せずにそのまま使います。

材料（2人分）

しめじ……1パック
えのきたけ
　……小1袋（100ｇ）
豚こま切れ肉……150ｇ
冷凍うどん……2袋
水……¼カップ
しょうゆ麹……大さじ2½
小ねぎ（小口切り）
　……1〜2本分

◆ 1人分 423kcal
◆ 塩分 2.5g

作り方

1　しめじは石づきを取り、小房に分ける。えのきたけは根元を切り落とし、2等分に切る。

2　フライパンに冷凍うどん、1を入れ、うどんのまわりに豚肉を落とし入れる。水、しょうゆ麹を加えてふたをして、弱めの中火で4分蒸す。

3　ふたを取り、水分をとばすように火を強くして炒め合わせる。器に盛り、小ねぎを散らす。

しょうゆ麹
POINT

味つけは
これだけ！

うまみとコクたっぷりの
しょうゆ麹だけで味が
決まる。

きのこと玉ねぎのしょうゆ麹マリネ

見た目が華やかで体も喜ぶマリネ。
きのこはレンチンしてうまみをキープします。

🍄材料（2人分）

エリンギ……大1本
えのきたけ……小1袋（100ｇ）
紫玉ねぎ（または玉ねぎ）
　……½個
ミニトマト……5〜6個
A｜しょうゆ麹……大さじ1
　｜酢……大さじ2½
　｜砂糖……小さじ1
　｜オリーブオイル
　｜　……大さじ1½

◆ 1人分 149kcal
◆ 塩分 0.8g

🍄作り方

1 紫玉ねぎは薄切りにして塩少々（分
　量外）をふり、少ししたら水にさらし、
　水けを絞る。ミニトマトはへたを取
　り、半分に切る。Aは混ぜておき、玉
　ねぎ、トマトを入れておく。

2 エリンギは3㎝長さの薄切り、えの
　きたけは根元を切り落とし、3等分
　に切る。耐熱容器にきのこを入れ、
　ふんわりとラップをかけて電子レン
　ジで1分加熱し、粗熱をとる。

3 1に2を加え、なじませる。

POINT

しょうゆ麹

調味料に
使う

しょうゆ麹のなめこ汁

なめこたっぷりのシンプルな汁もの。
磯の風味をプラスして味わいアップ！

材料（2人分）
なめこ……1袋
カットのり……3〜4枚
だし汁……2カップ
しょうゆ麹……大さじ1

◆ 1人分 23kcal
◆ 塩分 1.0g

作り方

1 なめこはさっと洗い、水けをきる。

2 鍋にだし汁を煮立て、しょうゆ麹、なめこも加えてひと煮立ちしたら、カットのりをちぎり入れて火を止める。

しょうゆ麹
POINT

味つけは
これだけ！

Part 2

定番人気
メインおかず

magical
one spoon

から揚げ・竜田揚げ

塩麹の鶏から揚げ…

お弁当

塩麹で味がしっかりつくので酒やしょうゆは不要！
冷めても十分おいしいからお弁当にぴったり。

🍳 材料（2人分）

鶏もも肉……大1枚（約300g）
しょうが汁……小1かけ分
塩麹……大さじ1½
A｜薄力粉、片栗粉……各大さじ1
サラダ油……大さじ4
サラダ菜……適量

🍳 作り方

1 鶏肉は余分な脂肪を取り除き、大きめの
　ひと口大に切る。ボウルに入れ、しょうが
　汁をもみ込む。

2 1に塩麹を加えてよくもみ込み、さらにA
　を順にもみ込み、粉類を全体になじませる。

3 フライパンにサラダ油と2を入れて弱め
　の中火にかける。鶏肉を焦がさないよう
　にときどき返しながら3〜4分揚げ、油
　をよくきる。

4 器にサラダ菜を敷いて3を盛る。

◆ 1人分 399kcal
◆ 塩分 0.9g

塩麹
Point
鶏肉に
もみ込む

鶏肉に塩麹をよくもみ
込めば、揚げても驚くほ
どやわらかな食感に。

しょうゆ麹の
チキン竜田南蛮 …お弁当

揚げたての鶏肉にさっと酢をかけるお手軽南蛮。
しょうゆ麹を加えたタルタルソースも意外とさっぱり!

材料 (2人分)

鶏もも肉 …… 1枚 (250〜300 g)
しょうが汁 …… 大さじ½
しょうゆ麹 …… 大さじ1
片栗粉 …… 大さじ3〜4
サラダ油 …… 大さじ4
A マヨネーズ …… 大さじ3
　牛乳 …… 大さじ1
　しょうゆ麹 …… 小さじ1
　玉ねぎ (みじん切り) …… 大さじ1
　パセリ (みじん切り) …… 大さじ½
酢 …… 大さじ1〜1½
トマト……小1個

作り方

1 鶏肉は余分な脂肪を取り除き、大きめのひと
　口大に切る。
2 ボウルに1を入れ、しょうが汁をもみ込む。
　しょうゆ麹を加えてよくもみ込み、約10分お
　いて、片栗粉をまんべんなくまぶす。
3 Aを順によく混ぜ合わせる。
4 フライパンにサラダ油と2を入れて弱めの中
　火にかける。鶏肉を焦がさないようにときど
　き返しながら3〜4分揚げ、油をよくきる。す
　ぐに酢を全体に回しかけてまぶす。
5 器に4を盛って3をかけ、へたを取ってくし形
　に切ったトマトを添える。

◆ 1人分 496 kcal　◆ 塩分 1.4 g

鶏肉に
もみ込む

調味料に
使う

POINT
しょうゆ麹

かじきの塩麹から揚げ … お弁当

切り身だから子どもでも食べやすい。
お弁当箱に詰めるならかじきはひと口サイズに切って。

🍲 材料 (2人分)

かじき……2切れ
さやいんげん……4本
塩麹……大さじ1
薄力粉……大さじ2
サラダ油……大さじ4

◆ 1人分 247kcal
◆ 塩分 0.6g

🍳 作り方

1 かじきは4等分に切り、塩麹を全体にまぶして10分おく。さやいんげんはへたを取る。

2 かじきに薄力粉をまぶす。

3 フライパンにサラダ油と2を入れて弱めの中火にかける。かじきを焦がさないようにときどき返しながら2～3分揚げる。同じ油でさやいんげんをさっと素揚げにし、ともに油をよくきり、器に盛る。

塩麹
Point
かじきに
まぶす

かつおのしょうゆ麹竜田揚げ …  _{お弁当}

しょうゆ麹のパワーで魚特有のクセは全くなし！
かじき、さばなどで試してみるのもおすすめ。

材料（2人分）

かつお …… 200g
なす …… ½本
A しょうゆ麹 …… 大さじ1
　　しょうが汁 …… 少々
片栗粉 …… 適量
サラダ油 …… 大さじ4

◆ 1人分 272 kcal
◆ 塩分 0.6g

作り方

1 かつおは1cm幅のそぎ切りにする。バットなどに並べ入れ、**A**を全体にまぶして約10分おく。

2 なすはへたを取り、縦半分に切ってから斜め半分に切る。

3 かつおに片栗粉をまぶす。

4 フライパンにサラダ油と**3**を入れて弱めの中火にかける。かつおを焦がさないようにときどき返しながら3〜4分揚げる。同じ油で**2**を2〜3分揚げ、ともに油をよくきって器に盛る。

_{POINT}
しょうゆ麹
かつおにまぶす

肉じゃが

しょうゆ麹肉じゃが … お弁当

味つけは砂糖としょうゆ麹だけでOK！
これなら誰でも失敗なく簡単に作れます。

💧 材料（2人分）

牛薄切り肉（または切り落とし肉）…… 80g
じゃがいも …… 中2個
玉ねぎ …… ½個
にんじん …… 小⅓本
きぬさや …… 3〜4枚
塩 …… 少々
サラダ油 …… 大さじ⅔
水 …… 1カップ
砂糖 …… 大さじ1〜1½
しょうゆ麹 …… 大さじ3

💧 作り方

1 じゃがいもは皮をむき、4等分に切って水に
　さらす。牛肉は食べやすい大きさに切る。
　玉ねぎは1cm幅のくし形切りにし、にんじん
　は皮をむいて小さめの乱切りにする。きぬさ
　やは筋を取り、さっと塩ゆでする。

2 鍋にサラダ油を中火で熱し、肉が固まらない
　ように広げながら入れ、ほぐしながら炒める。
　肉の色が変わってきたら、玉ねぎ、にんじん、
　水けをきったじゃがいもの順に加えて炒め
　合わせる。

3 全体に油が回ったら、水を加えて強火にし、
　煮立ったらアクを取る。砂糖を加えて中火に
　し、落としぶたをして煮汁が半量になるまで
　6〜7分煮て、しょうゆ麹を加えてさらに6
　〜7分煮る。

4 器に3を盛り、斜めに切ったきぬさやを添える。

◆ 1人分 362kcal　◆ 塩分 2.1g

しょうゆ麹 POINT

**とろみがついて
コクがアップ**

煮上がりにしょうゆ麹を
プラスするのがコツ。おい
しいとろみがついてコク
がグンと増す！

塩麹の豚バラ肉じゃが … お弁当

塩麹のまろやかな塩気が楽しめる新定番肉じゃが。
黒こしょうをたっぷりとふるのがコツ。

材料（2人分）

豚バラ薄切り肉 …… 150g
じゃがいも…… 中2個
玉ねぎ…… 中½個
サラダ油 …… 大さじ½
水 …… 2カップ
塩麹 …… 大さじ2
粗挽き黒こしょう…… 適量

作り方

1 じゃがいもは皮をむき、4等分に切って水にさらす。豚肉は食べやすい大きさに切る。玉ねぎは2cm幅のくし形切りにする。

2 鍋にサラダ油を中火で熱して豚肉を炒め、肉の色が変わったら玉ねぎを炒め合わせる。玉ねぎが透き通ってきたら、水けをきったじゃがいもを加え、炒め合わせる。

3 全体に油が回ったら、水を加え、煮立ったらアクを取る。塩麹を加え、落としぶたをして5～6分煮て、やや強めの中火にして汁けがほとんどなくなるまで煮る。

4 器に3を盛り、粗挽き黒こしょうを多めにふる。

◆ 1人分 454kcal
◆ 塩分 1.1g

塩麹
Point

豚肉の脂肪を
分解する

調味だけでなく、豚肉の
脂が分解されてうまみが
アップ。

ひき肉料理の定番！塩麹で格別な味わい

ハンバーグ

塩麹ハンバーグ … お弁当

表面は香ばしく中身はふっくらと焼けた絶品バーグ。
お値打ちのひき肉でも塩麹マジックでレストランの味に。

材料（2人分）

合いびき肉 ……250g
玉ねぎ……大¼個
塩麹 ……大さじ1 ½
サラダ油 ……大さじ1
A｜中濃ソース、
　｜トマトケチャップ……各大さじ1 ½
ベビーリーフ……適量

作り方

1 玉ねぎはみじん切りにする。

2 ボウルにひき肉と塩麹を入れて練り混
　ぜ、1を加えてたねが重い感じになるくら
　いまでかき混ぜるように練る。

3 2を半量ずつ両手の間でキャッチボール
　する要領で空気を抜き、楕円形にまとめ
　る。Aは混ぜ合わせておく。

4 フライパンにサラダ油を中火で熱し、3
　を並べて弱めの中火で1分焼き、返して
　ふたをし、弱火で10〜12分焼く。竹串
　を刺して透明な汁が出てきたら、もう一
　度返して30秒〜1分焼く。

5 器に4を盛ってAをかけ、ベビーリーフを
　添える。

◆ 1人分 392kcal
◆ 塩分 2.1g

塩麹 Point

パン粉など
つなぎが不要

ひき肉と塩麹をよく練り
混ぜれば、パン粉や卵な
どつなぎは不要。その
上、ふっくら焼き上がる。

鶏ひき肉の
塩麹和風ハンバーグ … お弁当

仕上げに青じそと白ごまをトッピング。
ソースを用意しなくても十分おいしい。

材料 (2人分)

鶏ももひき肉 …… 200g
玉ねぎ(すりおろし) …… 大さじ2
塩麹 …… 大さじ1強
サラダ油 …… 大さじ1
青じそ(せん切り) …… 2〜3枚分
白いりごま、水菜(ざく切り) … 各適量

作り方

1 ボウルにひき肉と塩麹を入れて練り混
  ぜ、軽く水けをきった玉ねぎのすりおろ
  しを加え、たねが重い感じになるくらい
  までかき混ぜるように練る。

2 1を半量ずつ両手の間でキャッチボール
  する要領で空気を抜き、楕円形にまとめ
  る。

3 フライパンにサラダ油を中火で熱し、2
  を並べて弱めの中火で1分焼き、返して
  ふたをし、弱火で10〜12分焼く。竹串
  を刺して透明な汁が出てきたら、もう一
  度返して30秒〜1分焼く。

4 器に3を盛って青じそと白ごまをのせ、
  水菜を添える。

◆ 1人分 279kcal
◆ 塩分 0.7g

塩麹
Point

パン粉など
つなぎが不要

照り焼き

しょうゆ麹の 照り焼きチキン …お弁当

麹のとろみがついたコクまろソース！
色よく焼いた鶏肉にたっぷりとからめて。

材料（2人分）

鶏もも肉 …… 大1枚（約300g）
薄力粉 …… 適量
A ｜ しょうゆ麹 …… 大さじ3
　｜ みりん …… 大さじ2
サラダ油 …… 大さじ1
レモン（半月切り） …… 2枚

作り方

1 鶏肉は余分な脂肪を取り除き、大きめのひと口大に切って薄力粉を薄くはたきつける。

2 Aは混ぜ合わせる。←

3 フライパンにサラダ油と1の鶏肉の皮目を下に入れて中火にかける。きつね色になるまで2～3分焼き、返してふたをし、弱めの中火で6～7分蒸し焼きにする。ふたをはずし、ペーパータオルで余分な脂をふき取り、中火にして2を回し入れ、フライパンをときどきゆすりながら全体にからめるように焼きつける。

4 器に3を盛り、フライパンに残ったソースも回しかけ、レモンを添える。

◆ 1人分 404 kcal ◆ 塩分 2.2g

POINT

みりんを プラスするだけ！

しょうゆ麹

照り焼きソースはしょうゆ麹とみりんを混ぜるだけで完成！

ぶりのしょうゆ麹照り焼き …

フライパンで作れる手間なし照り焼き。
ふっくらとつやよく仕上げたぶりは激ウマ！

材料（2人分）

ぶり …… 2切れ
A ｜ 酒 …… 大さじ1
　｜ しょうが汁 …… 少々
薄力粉 …… 適量
B ｜ しょうゆ麹 …… 大さじ3
　｜ みりん …… 大さじ2½
サラダ油 …… 大さじ½
青じそ …… 4枚
大根おろし …… 適量

◆ 1人分 308 kcal
◆ 塩分 2.1g

作り方

1 ぶりは長さを半分に切り、**A**をまぶして約15分おく。**B**は混ぜ合わせる。
2 1のぶりの汁けを軽くふいて薄力粉を薄くはたきつける。
3 フライパンにサラダ油と2を入れて弱めの中火にかけ、ぶりの両面に焼き色がつくまで約2分焼く。ぶりの身が厚ければ酒大さじ1（分量外）をふり入れ、ふたをして弱火で1〜2分蒸し焼きにする。
4 3のフライパンの余分な脂をペーパータオルでふき取り、**B**を回し入れてフライパンをゆすりながら全体に味をからめる。器に盛り、青じそと大根おろしを添え、フライパンに残ったソースを回しかける。

しょうゆ麹
POINT
みりんを
プラスするだけ

とろりとした
照りを出す

豆腐のステーキ しょうゆ麹照り焼き風味

豆腐は水きりをしてからソテーするのがコツ。
水っぽくならず、照り焼きだれとよくなじみます。

材料（2人分）

木綿豆腐 …… 1丁
薄力粉 …… 適量
A しょうゆ麹 …… 大さじ3
　 みりん …… 大さじ2½
ごま油 …… 大さじ½
小ねぎ（小口切り）
　　 …… 1〜2本分

◆ 1人分 210kcal
◆ 塩分 2.0g

作り方

1 豆腐はペーパータオルで包んでざるにのせ、10分おいて水けをきっておく。Aは混ぜ合わせる。

2 1の豆腐は厚みを半分に切ってからさらに半分の大きさに切り、薄力粉を薄くまぶしつける。

3 フライパンにごま油と2を入れて中火にかけ、豆腐の両面に焼き色がつくまで2分焼く。Aを回し入れてフライパンをゆすりながら全体に味をからめる。

4 器に3を盛り、小ねぎを散らす。

POINT

しょうゆ麹

みりんを
プラスするだけ

とろりとした
照りを出す

炒めもの

豚こまの塩麹野菜炒め

「これが野菜炒め?」と思うほどのプロの味。
ピーマンや白菜などでも挑戦してみて。

材料（2人分）

豚こま切れ肉 …… 150g
キャベツ…… 大2枚
にんじん……⅓本（約60g）
玉ねぎ……½個
サラダ油 …… 大さじ1
塩麹 …… 大さじ2強
ごま油 …… 少々

作り方

1 キャベツは固い部分は除き、ざく切りにする。にんじんは皮をむいてせん切りにする。玉ねぎは1cm幅のくし形切りにする。豚肉は大きければ食べやすく切る。

2 フライパンにサラダ油を強火で熱し、豚肉をほぐしながら炒め、色が変わったら玉ねぎ、にんじん、キャベツの順に加え、大きくあおるように2〜3分炒め合わせる。塩麹で調味し、全体にからめるように手早く炒め、仕上げにごま油で香りづけをする。

◆ 1人分 330kcal
◆ 塩分 1.2g

塩麹
Point

味つけは
これだけ！

塩、こしょうの代わりに塩麹を。投入したら手早く炒めるのがコツ。

ゴーヤの塩麹チャンプルー

かつおだしと塩麹でコクがグンとアップ！

● **材料**（2人分）

ゴーヤ……1本
豚バラ薄切り肉……100g
木綿豆腐……½丁（約150g）
塩麹……大さじ1
卵……1個
サラダ油……大さじ2
A｜塩麹……大さじ1
　｜かつお顆粒だしの素
　　……小さじ⅓

◆ 1人分 428kcal
◆ 塩分 1.3g

● **作り方**

1　ゴーヤは縦半分に切ってからスプーンで種とわたをくり抜いて薄切りにする。ボウルに入れて塩麹大さじ1をもみ込んでしばらくおき、軽く水けを絞る。豆腐はペーパータオルで包み、重しをして10〜15分水きりをする。豚肉は食べやすく切り、卵は溶きほぐす。

2　フライパンにサラダ油を強火で熱し、豆腐をひと口大にちぎりながら入れて炒める。焼き色がついたらゴーヤを炒める。少ししんなりしたら豚肉を炒め合わせる。Aで調味し、溶き卵を回し入れて全体に大きく炒め、卵がふんわりとしたらすぐに火を止める。

ゴーヤに
もみ込む

塩麹でもむと苦みがやわらぎ、食べやすくなる。

調味料に
使う

しょうゆ麹のチンジャオロースー

しょうゆ麹でもみ込んだやわらか牛肉に
ピーマンの歯ごたえが絶妙にマッチ。

🌢 材料 (2人分)

ピーマン …… 4個
牛焼き肉用 …… 200g
にんにく …… 1かけ
A | 酒、しょうゆ麹、
　　　 …… 各大さじ½
　 | 片栗粉 …… 小さじ1
B | しょうゆ麹 …… 大さじ2
　 | 酒 …… 大さじ1
　 | 砂糖、オイスターソース、
　 | ごま油 …… 各小さじ1
サラダ油 …… 大さじ1

◆ 1人分 338 kcal
◆ 塩分 2.1g

🌢 作り方

1　ピーマンはへたと種を取って細切りにする。牛肉は5mm幅の細切りにし、**A**をもみ込む。にんにくはみじん切りにする。**B**は混ぜ合わせる。

2　フライパンに半量のサラダ油を中火で熱し、1の牛肉を入れて炒め、十分に肉の色が変わったら、一度取り出す。

3　2のフライパンに残りのサラダ油を弱めの中火で熱し、にんにくを焦がさないように炒め、ピーマンを加えてざっと炒める。2の牛肉を戻し入れ、**B**を一気に回し入れ、大きくあおるように手早く炒め合わせる。

POINT
しょうゆ麹

牛肉に
もみ込む

調味料に使う

しょうが焼き

しょうゆ麹の 豚のしょうが焼き … お弁当

焦がさないように手早くたれをからめて。

材料（2人分）

豚肩ロース肉
　（しょうが焼き用）
　……6枚（約250g）
玉ねぎ……½個
薄力粉……適量
A｜しょうゆ麹……大さじ3
　｜しょうが汁……大さじ1
サラダ油……大さじ1
塩……少々

◆ 1人分 461 kcal
◆ 塩分 2.4g

作り方

1　豚肉は筋切りし、薄力粉を薄くはたきつける。**A は混ぜ合わせる。**
2　玉ねぎはくし形に切り、芯からはずす。
3　フライパンに半量のサラダ油を中火で熱して2を炒め、油が回って透き通ってきたら、塩で味をととのえて器に盛る。
4　3に残りのサラダ油を入れ、1の豚肉をなるべく重ならないように並べ、両面を色よく焼く。**A を回し入れ、焦がさないようにフライパンを手早くゆすりながら照りを出し、すぐに火を止め、3に盛る。**

POINT しょうゆ麹

調味料は
しょうゆ麹と
しょうが汁だけ！

みりんや酒を入れなくても、失敗なく味がバッチリ決まる！

手早く
照りを出す

しょうゆ麹のいかのしょうが焼き

いかはさっと炒めてやわらかい歯ごたえに！

🍶 材料 (2人分)

するめいかの胴
　　……1ぱい分
小松菜 …… 3株
A｜しょうゆ麹 …… 大さじ3
　｜しょうが汁 …… 大さじ1
サラダ油 …… 大さじ1
塩 …… 少々

◆ 1人分 152kcal
◆ 塩分 2.8g

🍶 作り方

1 いかはわたをはずし、きれいに洗って
　皮をむき、4～5mm厚さの輪切りに
　する。Aは混ぜ合わせる。

2 小松菜は根元を切り落としてざく切
　りにする。

3 フライパンに半量のサラダ油を中火
　で熱して2を炒め、少ししんなりした
　ら塩で味をととのえて器に盛る。

4 3に残りのサラダ油を入れ、1のいか
　を入れてさっと炒め、Aを回し入れ、
　フライパンを手早くゆすりながら照
　りを出し、すぐに火を止め、3に盛る。

しょうゆ麹
POINT

調味料は
しょうゆ麹と
しょうが汁だけ！

手早く
照りを出す

カツ

塩麹漬けトンカツ

塩麹にあらかじめ漬けると揚げても脂っこくない！
うまみも引き出されて味わいもワンランクアップ。

材料（2人分）

豚ロース厚切り肉（トンカツ用）
　……2枚（約300ｇ）
塩麹……大さじ2
キャベツ……2〜3枚
薄力粉、パン粉……各適量
溶き卵……½個分
サラダ油……大さじ4
大根おろし、ポン酢しょうゆ……各適量

作り方

1 豚肉は筋切りをして塩麹を全体にまぶ
　し、ラップなどにくるんで冷蔵庫で6時
　間〜ひと晩おく。キャベツはせん切りに
　する。
2 豚肉の水けを軽くふき取り、薄力粉を薄
　くまぶし、溶き卵、パン粉の順に衣をつ
　ける。
3 フライパンにサラダ油と2を入れて弱め
　の中火にかける。豚肉を焦がさないよう
　にときどき返しながら6〜7分揚げ、油
　をよくきる。
4 3を食べやすく切って器に盛り、おろし
　ポン酢をのせ、キャベツを添える。

◆ 1人分745kcal
◆ 塩分1.9ｇ

豚肉に下味をつける

塩麹を豚肉にまぶして下味として使う。肉もやわらかくなって一石二鳥。

塩麹の紙カツ サラダ仕立て

しょうが焼き用の豚肉でカツレツ風に。
フレッシュな野菜もたくさん食べられます。

塩麹
Point
→ 豚肉にまぶす

🌸 材料 (2人分)

豚ロース肉 (しょうが焼き用)
　……4枚
塩麹 …… 大さじ2
薄力粉、パン粉 …… 各適量
サラダ油 …… 大さじ4
溶き卵 …… ½個分
サニーレタス …… 3枚
ミニトマト …… 2個
A｜マヨネーズ、中濃ソース、
　｜酢 …… 各大さじ1

◆ 1人分 650 kcal
◆ 塩分 1.7g

🌸 作り方

1　豚肉は筋切りをして塩麹を全体にまぶ
　し、2〜3分おく。薄力粉を薄くまぶし、
　溶き卵、パン粉の順に衣をつける。

2　サニーレタスは手で食べやすくちぎり、
　水にさらして水けをきる。ミニトマトはへ
　たを取り、縦4等分に切る。

3　フライパンにサラダ油と1を入れて弱め
　の中火にかける。豚肉を焦がさないよう
　にときどき返しながら3〜4分揚げ、油
　をよくきる。

4　3を食べやすく切って2とともに器に盛
　り合わせ、混ぜ合わせたAをかける。

青じその塩麹ロールカツ …

青じそのさわやかな香りが光るロールカツ。
バジルを巻いてイタリアンにしても good！

🍳 材料（2人分）

豚ロース薄切り肉 …… 6枚
青じそ …… 6枚
塩麹 …… 小さじ2
薄力粉、パン粉 …… 各適量
溶き卵 …… 1個分
サラダ油 …… 大さじ4

◆ 1人分 428kcal
◆ 塩分 0.6g

🍳 作り方

1 豚肉1枚に塩麹を小さじ⅓量ずつぬ
り、青じそ1枚をのせてくるくると巻
く。これを6本作る。

2 1に薄力粉を薄くまぶし、溶き卵、パ
ン粉の順に衣をつける。

3 フライパンにサラダ油を入れ、2を並
べ入れる。弱めの中火にかけ、豚肉を
焦がさないようにときどき返しながら
約3分揚げる。油をよくきり、斜め半
分に切る。

塩麹
Point

豚肉にぬる

豚肉に塩麹をぬって青
じそと一緒に巻けば味
つけは完了。ソースをか
ける必要はなし。

しょうゆ麹の キャベツメンチカツ …お弁当

キャベツのシャキシャキの歯ごたえが新鮮！
パンにはさんで食べてもgood！

キャベツを
軽くもむ

🌀**材料**（2人分）

合いびき肉 …… 200g
キャベツ …… 大1枚
しょうゆ麹 …… 大さじ1
サラダ油 …… 少々
薄力粉、パン粉、揚げ油
　　…… 各適量
溶き卵 …… 1個分
A｜しょうゆ麹 …… 大さじ2
　｜トマトケチャップ
　｜　…… 大さじ1
キャベツ（せん切り・お好みで）
　　…… 適量
◆ 1人分 447 kcal　◆ 塩分 2.5g

キャベツにしょうゆ麹を
まぶして軽くもんで。し
んなりするのでひき肉と
混ざりやすくなり、下味
にもなる。

🌀**作り方**

1 キャベツは太めのせん切りにし、しょうゆ麹をまぶ
　して軽くもむ。

2 ボウルにひき肉を入れて粘りが出るまで練り混ぜ、
　1を全体に混ぜ、冷蔵庫で1〜2時間冷やす。

3 手にサラダ油を薄く塗り、2を4等分ずつ両手の間
　でキャッチボールするように空気を抜き、楕円形
　にまとめる。薄力粉をまんべんなくまぶして余分
　な粉をはたき、溶き卵にくぐらせ、パン粉を押さえ
　つけるようにつける。

4 揚げ油を低温（160℃）に熱し、3を入れて焦がさ
　ないように5〜6分揚げる（油に入れたら、衣がか
　たまるまで決して触らないこと）。

5 器に盛り、混ぜ合わせたAをかけ、お好みでキャ
　ベツを添える。

ソースに使う

とろ～り＆クリーミーなソースが魅力

グラタン

えびと
鶏肉の塩麹グラタン … お弁当

フライパンひとつで作れる塩麹ホワイトソース。
小分けにしてアルミカップで焼けばお弁当にも◎。

🍲 材料（2人分）

小えび……100g
鶏ささみ……小2本（80g）
玉ねぎ……中½個
マカロニ……60g
バター、薄力粉 …… 各大さじ2
牛乳 ……1カップ
A｜塩麹 …… 大さじ1
　｜こしょう……少々
ピザ用チーズ……50g
パセリ（みじん切り・お好みで）……少々

◆ 1人分 506kcal ◆ 塩分 1.9g

🍲 作り方

1 ささみはあれば筋を取り、ひと口大に切る。
　玉ねぎはみじん切りにする。マカロニは袋の
　表示時間通りにゆで、水けをきる。

2 フライパンにバターを弱めの中火で溶かし、
　玉ねぎをしんなりするまで炒める。えび、ささ
　みを加えて炒め合わせ、薄力粉をふり入れ、
　粉っぽさが完全になくなるまで炒める。牛乳
　を少しずつ加えながらとろみをつけ、**A**で味を
　ととのえ、1のマカロニを混ぜ合わせる。

3 耐熱皿に2を流し入れてチーズを散らし、予
　熱したオーブントースターで焼き色がつくま
　で4～5分焼き、お好みでパセリをふる。

塩麹
Point

調味料に使う
粉っぽさがなくなったら牛
乳を加えて塩麹を投入。

ほたてとほうれん草の塩麹グラタン

ほたての代わりにかきを加えても good!

🌾 材料 (2人分)

ほたて貝柱 (刺身用)
　……小8個
ほうれん草
　……½束 (約100g)
玉ねぎ…… 中½個
塩、こしょう、薄力粉
　…… 各適量
バター ……大さじ2
牛乳 ……1カップ
塩麹……大さじ1
サラダ油 ……少々
ピザ用チーズ……50g

◆ 1人分 451kcal
◆ 塩分 1.9g

🌾 作り方

1 ほたては塩、こしょう各少々をふり、薄力粉を薄くまぶす。ほうれん草は熱湯に塩少々を入れて固めにゆで、水にさらして水けをよく絞り、長さ3cmに切る。玉ねぎはみじん切りにする。

2 フライパンにバターを弱めの中火で溶かし、玉ねぎをしんなりするまで炒める。薄力粉大さじ2をふり入れ、粉っぽさが完全になくなるまで炒め、牛乳を少しずつ加えながらとろみをつけ、塩麹、こしょう少々で味をととのえる。

3 別のフライパンにサラダ油を中火で熱し、1のほたてを入れて両面焼きつけて取り出す。同じフライパンでほうれん草をさっと炒めてほたてを戻し入れ、2を加えて混ぜる。

4 耐熱皿に3を流し入れてチーズを散らし、予熱したオーブントースターで焼き色がつくまで4〜5分焼く。

塩麹
Point

調味料に
使う

ポテトとソーセージの豆乳塩麹グラタン

体にやさしい豆乳でヘルシーに仕上げて。

🌼 材料（2人分）

じゃがいも……大1個
ソーセージ……3本
バター、薄力粉
　　……各大さじ1½
水……⅔カップ
無調整豆乳……⅔カップ

A｜塩麹……大さじ1
　｜こしょう……少々

ピザ用チーズ……50g
黒こしょう……少々

◆ 1人分 378kcal
◆ 塩分 1.7g

🌼 作り方

1 じゃがいもは皮をむいて厚さ5〜6mmの輪切りにし、耐熱容器に入れる。ふんわりとラップをかけて電子レンジで4分加熱し、水けをとる。ソーセージは食べやすく斜めに切る。

2 フライパンにバターを弱めの中火で溶かし、1を炒めて全体に油が回ったら、薄力粉をふり入れ、焦がさないように炒める。水を2〜3回に分けて加え、混ぜながら薄力粉を溶かし、豆乳も加えて中火にする。Aで味をととのえ、とろみがつくまでふたをして弱火で3分煮る。

3 耐熱皿に2を流し入れてチーズを散らし、予熱したオーブントースターで焼き色がつくまで4〜5分焼き、黒こしょうをふる。

塩麹
Point
・調味料に
使う

ロールキャベツ

しょうゆ麹の和風ロールキャベツ

鶏ひき肉を使ったあっさりヘルシー仕立て。
スープに素材のうまみが溶け出しています。

材料（6個分）

キャベツ …… 6枚
鶏ももひき肉 …… 200g
片栗粉 …… 大さじ½
しょうゆ麹 …… 大さじ3
A｜長ねぎ（みじん切り）
　　…… ½本分
　｜しいたけ（みじん切り）
　　…… 小2個分
水 …… 1⅓カップ

◆ 1個分 93 kcal
◆ 塩分 0.7g

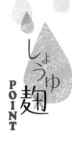

POINT
しょうゆ麹

つなぎと
下味に使う

味つけはこれだけ！

だしを使わなくてもしょうゆ麹だけで味わい深いスープが作れる。

作り方

1 キャベツは芯に沿って切り込みを入れ、破れないように葉をはがす。熱湯で5分ゆでてざるに上げ、水けをきってそのまま冷ます。粗熱がとれたら、キャベツの芯を削ぐ。

2 ボウルにひき肉、片栗粉、しょうゆ麹大さじ1を入れてよく練り混ぜ、粘りが出たらAを加えてよく混ぜ合わせる。6等分にして俵形にまとめる。

3 キャベツ1枚を広げ、2の肉だね1つを手前において1～2周強く巻き、片側のキャベツを折り込んで巻く。残した片側のキャベツの端が長ければ少し切り、縦に持ち替えて肉だねを押し込むように包む。全部で6個作る。

4 鍋に3をきっちりと並べ、すき間にキャベツ（分量外）をちぎって入れる。水を注いで中火にかけ、煮立ったら弱めの中火にして落としぶたをし、約20分煮る。ふたを取り、残りのしょうゆ麹を加えてさらに10分煮る。

定番人気メインおかず

おかずにもおつまみにもぴったり！

餃子
ギョーザ

塩麹の羽根餃子 … お弁当

パリパリに焼き上がった皮が絶品！
餃子のたねは粘りが出るまでよく混ぜて。

材料 (24個分)

豚ひき肉……200g
キャベツ……3枚
長ねぎ(みじん切り)……½本分
しょうが(みじん切り)……1かけ分
餃子の皮……24枚
A│塩麹……大さじ1
　│ごま油……大さじ½
サラダ油……大さじ2
水溶き薄力粉
　│薄力粉……小さじ2
　│水……⅔カップ
しょうゆ、酢(お好みで)……各適量

◆ 1個分 52kcal
◆ 塩分 0.1g

塩麹 Point

ひき肉に
混じ込む
材料が多くなりがちな餃
子のたね。塩麹を使えば
調味料減に！

作り方

1 キャベツはみじん切りにしてボウルに入れ、
　塩少々 (分量外)をふってしばらくおき、よく
　もみ込んで水けをしっかり絞る。

2 別のボウルにひき肉を入れてよく混ぜ、Aを入
　れて粘りが出るまでよく練りまぜ、1、長ねぎ、
　しょうがを加えてよく混ぜ合わせる。

3 餃子の皮1枚に2の¹⁄₂₄量分を中央にのせ、
　皮の周囲に水少々(分量外)をつけ、端から
　つまむようにしてひだをつけて留める。全部
　で24個作る。

4 フライパンに半量のサラダ油を強めの中火
　で熱し、餃子12個を並べ入れ、2分焼きつ
　ける。半量の水溶き薄力粉を回し入れてすぐ
　ふたをし、弱火にして3〜4分蒸し焼きにす
　る。ふたを取ってやや強火にし、水分をとばし
　てパリッとするまで焼く。残りも同様に焼く。

5 器に盛り、お好みで酢じょうゆをつけて食べる。

シュウマイ・ワンタン

しょうゆ麹の肉シュウマイ … お弁当

口の中に広がるおいしい肉汁をどうぞ。

材料 (24個分)

豚ひき肉 …… 300ｇ
玉ねぎ …… ½個
片栗粉 …… 大さじ3
ほたて貝柱水煮缶
　　…… 小1缶(約80ｇ)
しいたけ …… 3個
A｜しょうゆ麹 …… 大さじ1
　｜ごま油 …… 小さじ1
シュウマイの皮 …… 1袋(24枚)
キャベツ …… 適量

◆ 1個分 49 kcal
◆ 塩分 0.1ｇ

作り方

1 玉ねぎはみじん切りにし、片栗粉をまぶす。しいたけは軸を取り、みじん切りにする。

2 ボウルにひき肉、1、ほたては貝柱をほぐしながら缶汁ごと入れ、Aを順に加えて手でよく練り混ぜる。

3 手のひらにシュウマイの皮1枚をのせ、2の¹⁄₂₄量をスプーンで中央にのせる。肉だねの周囲に皮がつくように形を作り、表面のたねを中に押さえるようにし、底は平らにする。全部で24個作る。

4 蒸気の上がった蒸し器にキャベツの葉を敷き、3の⅓量を入れ、ぬれぶきんで包んだふたをして強火で15分蒸す。残りも同様に蒸す。

しょうゆ麹
POINT

調味料に
使う

しょうゆ麹とごま油を
練り混ぜるだけで調味
ができ、味わい豊かに!

しょうゆ麹のえび揚げワンタン

えびは粗めにたたいてプリプリの食感を残して。

材料（2人分）

むきえび …… 100g

A｜ 長ねぎ（みじん切り）
　　 …… 5cm
　｜ しょうが（みじん切り）
　　 …… 1かけ分
　｜ しょうゆ麹 …… 大さじ½

ワンタンの皮 …… 10枚

揚げ油 …… 適量

香菜（お好みで）…… 少々

B｜ マヨネーズ …… 大さじ3
　｜ しょうゆ麹 …… 小さじ2

◆ 1人分 356kcal
◆ 塩分 1.5g

作り方

1 えびは竹串で背わたを取り、粗く刻んでさらに包丁でたたく。ボウルに入れ、**A**を加えてよく混ぜ合わせる。

2 ワンタンの皮1枚に1の¹⁄₁₀量をのせ、皮の周囲に水少々（分量外）をつけて三角に折る。全部で10個作る。

3 揚げ油を中温（180℃）に熱し、**2**をきつね色になるまで揚げる。しっかり油をきって器に盛り、お好みで香菜を飾り、混ぜ合わせた**B**をつけながら食べる。

POINT しょうゆ麹

調味料に使う

たれに使う

えびチリ

えびの塩麹チリソース

塩麹はトマト系ソースをさらにおいしくする！

材料（2人分）

えび（殻つき）……8尾

A｜酒……大さじ½
　｜片栗粉……小さじ1

にんにく、しょうが（みじん切り）
……小1かけ分

長ねぎ（みじん切り）……⅓本分

B｜トマトケチャップ……大さじ2
　｜塩麹……大さじ1
　｜砂糖……大さじ½
　｜豆板醤……小さじ⅓～½
　｜ごま油……小さじ½
　｜水……¼カップ強

サラダ油……大さじ1

◆ 1人分 170kcal　◆ 塩分 1.5g

塩麹 Point

スープの素が不要！
中華スープの素の代わりに塩麹を活用。

作り方

1 えびは背わたを取って殻をむき、Aをまぶす。Bは混ぜ合わせておく。

2 フライパンに半量のサラダ油を中火で熱してえびを炒め、表面の色が変わったら一度取り出す。残りのサラダ油を熱し、にんにく、しょうが、長ねぎを焦がさないように炒める。香りが出たらもう一度混ぜ合わせたBを加え、煮立ったらえびを戻し入れ、からめるように煮詰めて火を止める。

たらの塩麹チリソース

くずれやすいたらは最初に焼きつけたあとで、ソースに戻し入れるのがコツ。

材料（2人分）

生だら……2切れ
きぬさや……6枚
にんにく（みじん切り）、
　　しょうが（みじん切り）
　　……各小1かけ分
長ねぎ（みじん切り）……⅓本分
A｜トマトケチャップ……大さじ2
　｜塩麹……大さじ1
　｜砂糖……大さじ½
　｜豆板醤……小さじ⅓〜½
　｜ごま油、片栗粉……各小さじ½
　｜水……¼カップ強
サラダ油……大さじ1⅓

◆1人分 192kcal ◆塩分 1.5g

作り方

1 たらは3等分に切る。きぬさやはへたと筋を取り、細切りにする。Aは混ぜ合わせておく。

2 フライパンにサラダ油大さじ1を中火で熱し、たらを並べて身がくずれないように両面を焼きつけ、一度取り出す。

3 2のフライパンにサラダ油大さじ⅓を中火で熱し、にんにく、しょうが、長ねぎを焦がさないように炒める。香りが出たらもう一度混ぜ合わせたAを加え、煮立ったらきぬさや、たらを戻し入れからめるように煮詰めて火を止める。

塩麹
Point
スープの素が
不要！

麻婆豆腐

塩麹麻婆豆腐

麻婆だれは多めに作って保存しても OK！

材料（2人分）

木綿豆腐 …… 1丁（300g）
豚ひき肉 …… 80g
にんにく（みじん切り）、しょうが
　（みじん切り）…… 各小1かけ分
長ねぎ（みじん切り）…… ⅓本分
A　みそ、塩麹 …… 各大さじ1
　　砂糖 …… 小さじ1
　　豆板醤、片栗粉 …… 各小さじ½
　　水 …… ⅓カップ
サラダ油 …… 大さじ½
ごま油 …… 少々
粉ざんしょう（お好みで）…… 適量

◆ 1人分 275kcal ◆ 塩分 2.0g

塩麹 Point

調味料に使う
麻婆だれに塩麹を使え
ばみその量が減らせ、
塩分ひかえめに。

作り方

1 豆腐はペーパータオルで包み、重しをして10〜
　15分水きりをする。Aは混ぜ合わせておく。

2 フライパンにサラダ油を中火で熱し、にんにく、
　しょうが、長ねぎを焦がさないように炒める。香
　りが出たらひき肉をパラパラになるまで炒め、も
　う一度混ぜ合わせたAを加えて2〜3分煮る。

3 1の豆腐をちぎりながら加えて2分煮て、仕上げ
　にごま油を回し入れて火を止める。お好みで粉ざ
　んしょうをふる。

トマトの塩麹麻婆

フレッシュなトマトの甘みが引き立ちます。

塩麹
Point

調味料に
使う

材料 (2人分)

トマト……1個
豚ひき肉……80g
にんにく(みじん切り)、しょうが
　(みじん切り)……各小1かけ分
長ねぎ(みじん切り)……⅓本分

A| 塩麹……大さじ1
　| みそ……大さじ½
　| 砂糖……小さじ1
　| 豆板醤……小さじ½〜1
　| 片栗粉……小さじ½
　| 水……½カップ

サラダ油……大さじ1
ごま油……少々

◆ 1人分 201 kcal ◆ 塩分 1.4g

作り方

1 トマトはへたを取り、食べやすいくし形に切る。Aは混ぜ合わせておく。

2 フライパンにサラダ油を中火で熱してにんにく、しょうが、長ねぎを焦がさないように炒める。香りが出たらひき肉をパラパラになるまで炒め、もう一度混ぜ合わせたAとトマトを入れる。強めの中火にして2〜3分煮て、仕上げにごま油を回し入れて火を止める。

やわらかく煮えたら自慢しちゃおう！

豚の角煮

しょうゆ麹のやわらか角煮 …お弁当

しょうゆ麹があれば、下ゆでにねぎやしょうがは不要。
口の中でとろけるお肉に感激するはず！

🫧 材料（作りやすい分量）

豚バラ肉（かたまり）…… 500 〜 550 g
砂糖 …… 大さじ2
しょうゆ麹 …… 大さじ4
きぬさや …… 4枚
水 …… 2カップ
練り辛子（お好みで）…… 適量

🫧 作り方

1 フライパンに油を引かずに中火で熱し、豚肉を
 かたまりのまま入れ、表面全体にしっかりと焼
 き色をつける。

2 深めの鍋に1を入れ、豚肉がかぶるくらいのた
 っぷりの水（分量外）を入れて強火にかけ、煮立
 ったらゆで汁を捨てる。

3 2の鍋にもう一度たっぷりの水（分量外）を入れ
 て強火にかけ、煮立ったら弱火にし、豚肉が
 やわらかくなるまで1時間半〜2時間ゆでる。
 途中で湯が減ったら、豚肉が水面から出ない
 ように差し水をする。豚肉に竹串がスーッと
 何の抵抗もなく通るようになったら、鍋に入れ
 たまま冷まし、取り出して水でよく洗う。

4 3の豚肉を幅2.5cmに切り、別の鍋に水ととも
 に入れ、強火にかける。煮立ったら砂糖を入れ
 て弱めの中火にし、落としぶたをして煮汁が½
 量になるまで煮る。ふたを取り、しょうゆ麹を加
 え、落としぶたをしてさらに煮汁が半量になるま
 で煮る。

5 器に4を盛り、筋を取ってさっとゆでたきぬさや
 とお好みで練り辛子を添える。

◆ ¼量で 460 kcal ◆ 塩分 1.2 g

しょうゆ麹

POINT

豚肉の
脂を分解する

しょうゆ麹は調味だけで
なく、しつこい豚肉の脂
も分解してくれる。

適度な脂と香ばしさがおいしさの秘密！

チャーシュー

しょうゆ麹のチャーシュー … お弁当

格別な味わいの自家製チャーシュー。
豚肉を合わせ調味料に漬け込んだら、あとはオーブンにおまかせ！

材料 (作りやすい分量)

豚ロース肉(かたまり) …… 500 ～ 550 g

A │ しょうゆ麹 …… 大さじ 3
　│ 酒、砂糖、オイスターソース …… 各大さじ 1
　│ あれば 五香粉(ウーシャンフェン) …… 小さじ 1
　│ しょうが(すりおろし) …… 少々

長ねぎ …… 1 本

B │ しょうゆ麹、はちみつ …… 各大さじ 1

作り方

1 豚肉はフォークなどで全体を刺す。ジッパー付きの保存袋に入れ、混ぜ合わせた A を加えて袋の外側からしっかりともみ込む。袋の空気を手で押して口を閉じ、冷蔵庫で 4 時間～半日間漬け込む。

2 オーブンは 200℃ に予熱し始める。長ねぎは斜め細切りにし、水にさらして水けをきる。

3 天板にオーブンシートを敷いて 1 をのせ、200℃ のオーブンで 20 ～ 25 分焼く。180℃ に温度を下げ、さらにオーブンで 20 ～ 25 分焼く。

4 3 をバットなどにのせて混ぜ合わせた B を表面にぬってそのまま冷ます。

5 粗熱がとれたら、食べやすく切り分けて器に盛り、2 の長ねぎを添える。

◆ 全量で 1,536 kcal　◆ 塩分 8.0 g

MEMO

チャーシューは一度焼いてしまえば、冷蔵庫で 3 日間保存可能。ラーメンにのせたり、チャーハンの具にしたりといろいろ活用できて便利！

POINT

しょうゆ麹

もみ込んで
漬ける

よくもみ込んで漬けると焼いてもかたくならず、やわらかい口当たりに！

仕上げの
つや出しにぬる

はちみつと混ぜてつや出しにぬると、しっとりと仕上がって見栄えも◎

卵料理

トマトの塩麹卵炒め

トマトは加熱しすぎないようにパパッと炒めて。

● 材料（2人分）

卵 …… 3個
トマト …… 2個
塩麹 …… 大さじ3
サラダ油 …… 大さじ1
ごま油 …… 少々

◆ 1人分 229kcal
◆ 塩分 1.9g

● 作り方

1 トマトはへたを取り、くし形切りにする。卵は溶きほぐし、塩麹大さじ1を混ぜる。

2 フライパンに半量のサラダ油を中火で熱して1の卵液を手早く炒め、ふんわりと半熟状になったら一度取り出す。

3 2のフライパンに残りのサラダ油を中火で熱して1のトマトをさっと炒める。塩麹大さじ2を加えて手早く炒め、2を戻し入れて大きく炒め、仕上げにごま油を回し入れて火を止める。

塩麹
Point

卵に
混ぜておく

あらかじめ卵に混ぜておくとふんわりと仕上がる。

調味料に
使う

かに玉のしょうゆ麹あんかけ

だしいらずのアツアツあんをたっぷりとかけて。

🥄 材料 (2人分)

卵 …… 3個
かにほぐし身 (または
　かに水煮缶) …… 80g
しいたけ …… 1個
長ねぎ …… ½本
サラダ油 …… 大さじ2
しょうゆ麹 …… 大さじ1
A ┃ しょうゆ麹 …… 大さじ1
　 ┃ 水 …… ½カップ
水溶き片栗粉
　片栗粉、水 …… 各小さじ1

◆ 1人分 281 kcal
◆ 塩分 2.0g

🥄 作り方

1 かにはほぐして軟骨を取り除く。しいたけは
　軸を取って1cm角に切る。長ねぎは2cm幅
　の斜め切りにする。

2 フライパンにサラダ油大さじ1を中火で熱
　し、しいたけ、ねぎ、かにの順にさっと炒め、
　バットなどに広げて粗熱をとる。

3 ボウルに卵を溶きほぐし、しょうゆ麹を混ぜ
　合わせ、2も混ぜ合わせる。2のフライパンに
　残りのサラダ油を中火で熱し、卵液を流し
　入れ、大きく混ぜながらふんわりと焼き、丸
　く形を整える。真ん中が半熟状に焼けたら、
　フライパンよりも大きめの器を用意し、その
　まますべらせて器に盛る。

4 小鍋に A を入れて中火で煮立て、水溶き片
　栗粉を回し入れてとろみをつけ、3にかける。

しょうゆ麹

POINT

卵が
ふんわりと
仕上がる

・だしは不要

フライパンで作れるおふくろの味

ぶり大根

塩麹のぶり大根

いつもの甘辛味が塩麹でさっぱり！

材料（2人分）

大根……約10cm（300g）

大根の葉……適量

ぶり……2切れ

サラダ油、塩麹……各大さじ1

水……¼カップ強

◆ 1人分 297kcal ◆ 塩分 0.6g

作り方

1 大根は皮をむいてやや大きめの乱切りにする。大根の葉はさっとゆでて水けを絞り、細かく刻む。ぶりは3等分に切る。

2 フライパンに半量のサラダ油を中火で熱し、ぶりを焼きつけるようにして炒め、一度取り出す。残りのサラダ油を熱して大根を炒め、全体に油が回ったら、水を回し入れてふたをし、ごく弱火で約10分蒸し煮にする。

3 2の大根がやわらかくなったら、ふたをあけてぶりを戻し入れ、塩麹を加える。全体になじんだら、ときどきフライパンをゆすりながら汁けがなくなるまで煮る。

4 器に3を盛り、大根の葉を散らす。

味つけはこれだけ！

塩麹のほどよい塩気と甘みで味が一度に決まる。

塩麹
Point

しょうゆ麹の
手羽中大根 すりごま風味

ごまでさらにコクアップ！骨つき肉もとってもやわらか。

🥄 材料（2人分）

大根 …… 7.5 cm
　　（約250g）
鶏手羽中 …… 8本
水 …… 2カップ
A ┃ みりん …… 大さじ1
　 ┃ しょうゆ麹
　 ┃ 　　…… 大さじ2½
白すりごま …… 大さじ2

◆ 1人分 231 kcal
◆ 塩分 1.8g

🥄 作り方

1 大根は皮をむき、やや小さめの乱切りにする。

2 鍋に水、1、手羽中を入れて強火にかけ、煮立ったら中火にして竹串が大根にスーッと通るまで煮る。

3 Aを順に加えて落としぶたをし、弱めの中火で5〜6分煮る。落としぶたをはずし、仕上げに白ごまを加え、鍋をゆすりながら煮汁がほとんどなくなるまで煮る。

しょうゆ麹
POINT
調味料はみりんと
しょうゆ麹だけ！

しみじみとした味わいを堪能

魚介の酒蒸し

あさりの塩麹酒蒸し

あさりの殻についた麹もうまみたっぷり！

🍳 材料（2人分）

あさり（砂出し済み）
　……300g
チンゲン菜……1株

A｜ 酒 …… 大さじ3
　｜ 塩麹 …… 大さじ1

◆ 1人分 32kcal
◆ 塩分 1.9g

🍳 作り方

1 あさりは流水で殻をこすり合わせてよく洗い、水けをきる。チンゲン菜は根元を切り落とし、茎は6〜8等分に切り、葉は半分に切る。

2 フライパンにAを入れて混ぜて火にかけ、煮立ったらチンゲン菜の茎とあさりを入れてふたをし、中火で約3分蒸し煮にする。あさりの口が開いたらチンゲン菜の葉を加え、2分煮て火を止める。

塩麹
Point

調味料に
使う

酒だけよりあさりの
うまみが引き出せる。

あじの塩麹中華風蒸し

ふっくらと蒸し上がって美味。たらやたいで作っても。

材料（2人分）

あじ……大1尾（約200g）
長ねぎ……⅓〜½本
A 酒……大さじ3
　水……⅓カップ
　塩麹……大さじ2強
ごま油……小さじ1
ラー油（お好みで）……適量

◆ 1人分 118kcal
◆ 塩分 1.3g

作り方

1 あじはぜいごを取り、包丁の先でえらを取り除き、腹に切り込みを入れて内臓を取り出す。中をていねいに洗い、水けをふく。長ねぎは斜め薄切りにする。

2 フライパンにAを入れて火にかけ、煮立ったらあじを入れてふたをし、弱火で約5〜6分蒸し煮にする。フライパンのあいているところに長ねぎを入れ、しんなりしたらごま油を回し入れて火を止める。

3 器に汁ごと盛り、お好みでラー油をかける。

塩麹
Point
調味料に
使う

ふっくらとやわらかく仕上げたい

魚の煮つけ

きんめだいのしょうゆ麹煮つけ

しょうゆ麹なら煮つけも失敗なく作れます。

🫧 材料（2人分）

きんめだい …… 2切れ
えのきたけ …… ½袋
貝割れ菜 …… ½パック
水 …… 1⅓カップ

A｜みりん …… 大さじ1
　｜しょうゆ麹
　｜　…… 大さじ2½～3

◆ 1人分 200kcal
◆ 塩分 1.8g

🫧 作り方

1 きんめだいは皮に包丁で切り込みを入れる。えのきたけと貝割れ菜は根元を切り落とす。

2 フライパンに 水、A を入れて中火にかけ、煮立ったらきんめだいを1切れずつ加える。再び煮立ったらアクを取り、ときどき煮汁を回しかけながら2～3分煮、落としぶたをして煮汁がほとんどなくなるまで7～8分煮る。

3 仕上げに1のえのきだけと貝割れ菜を混ぜて加え、さっと煮る。

POINT しょうゆ麹

調味料に使う

煮汁に必要なのは水、みりん、しょうゆ麹だけ。この組み合わせを覚えれば、味のブレもなくなる。

しょうゆ麹のさんましょうが煮 …

しょうがと脂がのったさんまがマッチ。

🫧 材料 (2人分)

さんま …… 2尾
しょうが …… 大1かけ
水 …… 1½カップ
A | 酒、しょうゆ麹
　 | …… 各大さじ2
　 | 酢 …… 大さじ1

◆ 1人分 335 kcal
◆ 塩分 1.7g

🫧 作り方

1 さんまは頭を落としてわたを包丁で引き出して抜き、お腹の中をよく洗う。水けをペーパータオルでふき、4等分の筒切りにする。しょうがはせん切りにする。

2 フライパンに水、**A**を入れて中火にかけ、煮立ったら1のさんまを並べ入れ、しょうがをふり入れる。落としぶたをして、強めの中火で煮汁が少し残るくらいまで4〜5分煮る。

しょうゆ麹
POINT
調味料に使う

Column-1

塩麹de 簡単スープ

「だしいらず」なのに味わい豊か。
塩麹のかき玉スープ

材料 (2人分)

卵 …… 1個
カットのり
　…… 3〜4枚
水 …… 1½カップ
塩麹 …… 大さじ2½

◆ 1人分 58kcal
◆ 塩分 1.4g

作り方

1 卵は溶きほぐし、塩麹大さじ½を混ぜ合わせる。
2 器にカットのりをちぎって入れる。
3 鍋に水1½カップ、小さめのざるでこした塩麹大さじ2を入れて火にかけ、煮立ったら1をさい箸に伝わらせて細く流し込んで火を止め、2に注ぐ。

調味料に使う

ざるでこす
ざるでこした塩麹を加えるとのどごしもなめらかに。

貝のうまみエキスを味わって。
あさりの塩麹吸いもの

材料 (2人分)

あさり(砂出し済み)
　…… 150〜160g
塩 …… 適量
だし汁 …… 2カップ
酒、塩麹
　…… 各大さじ1
三つ葉(お好みで)
　…… 少々

◆ 1人分 21kcal
◆ 塩分 1.4g

作り方

1 あさりは流水で殻をこすり合わせてよく洗い、水けをきる。
2 鍋にだし汁、酒、小さめのざるでこした塩麹を入れて火にかけ、煮立ったら1を加え、あさりの口が開いたら火を止める。器に注ぎ、お好みで三つ葉を飾る。

ざるでこす

Soup*

塩麹ミネストローネ

具だくさんスープでおなかも満足。

材料（2人分）
ベーコン……2枚
セロリ……½本
トマト……1個
大豆水煮……100g
オリーブオイル
　……大さじ1
水……1½カップ
塩麹……大さじ2
こしょう……少々

◆ 1人分 239kcal
◆ 塩分 1.7g

作り方
1 セロリは筋を取り、ベーコンとともに1cm幅に切る。トマトはへたを取って1cm角に切る。
2 鍋にオリーブオイルを中火で熱してベーコンを炒め、脂が出てきたらセロリを炒め合わせる。水、小さめのざるでこした塩麹を加えて煮立て、トマト、大豆水煮、こしょうを加えてひと煮立ちさせる。

ざるでこす

塩麹ビシソワーズ

よ〜く冷やして召し上がれ！

材料（3人分）
じゃがいも
　……2個（200g）
玉ねぎ……½個
セロリ……5cm
サラダ油
　……大さじ1
水……1カップ
塩麹……大さじ2
牛乳……½カップ
こしょう……少々

◆ 1人分 136kcal
◆ 塩分 0.7g

作り方
1 じゃがいもは皮をむいて小さく切り、水にさらす。セロリは筋を取って玉ねぎとともに薄切りにする。
2 鍋にサラダ油を中火で熱し、玉ねぎ、セロリをしんなりするまで炒め、水、水けをきったじゃがいも、塩麹を加える。アクを除いて弱めの中火で10分煮、じゃがいもが煮くずれるくらいになったら火を止める。
3 2の粗熱がとれたら、ミキサーにかけてなめらかにし、鍋に戻し入れて火にかける。煮立ったら牛乳を加え、こしょうで味をととのえて火を止め、粗熱をとって冷蔵庫で冷やす。

調味料に使う

Soup*

疲れがたまっているときにおすすめ!
塩麹のサンラータン

🍲 材料（2人分）
豚ひき肉……40g
にんじん……¼本
たけのこ水煮
　　　……50g
えのきたけ
　　　……½パック
水……2カップ
塩麹……大さじ1
こしょう……少々
酢……大さじ2
ラー油……小さじ1
◆ 1人分 92kcal
◆ 塩分 0.6g

🍲 作り方
1 にんじんは皮をむい
　て細めのせん切りにす
　る。たけのこはせん切りに
　する。えのきたけは根元を切り
　落とし、長さを半分に切る。
2 鍋に水を入れて火にかけ、煮立ったらひき肉、
　1を順に加えて3分煮て、塩麹、こしょうで味
　をととのえ、火を止める。
3 器に酢、ラー油を入れ、熱々の2を注ぐ。

調味料に
使う

塩麹
Point

味のアクセントにしょうがをプラス。
コーンの塩麹豆乳中華スープ

🍲 材料（2人分）
無調整豆乳……2カップ
コーン水煮……50g
しょうが……1かけ
サラダ油……大さじ½
塩麹……大さじ1
ごま油……少々

◆ 1人分 164kcal　◆ 塩分 0.6g

調味料に
使う

🍲 作り方
1 しょうがはみじん切りにする。
2 鍋にサラダ油を中火で熱して1を炒
　め、香りが出たら豆乳、塩麹を入れ、
　煮立ったらコーンを加え、仕上げにご
　ま油をふり入れ、火を止める。

Part **3**

副菜・作りおき

magical
one spoon
*

*副菜

もう1品ほしいときの定番副菜

きんぴら

セロリとパプリカの
洋風塩麹きんぴら

ごぼうとにんじんの
塩麹きんぴら

セロリとパプリカの洋風塩麹きんぴら

塩麹＋粉チーズのコクうまコラボレーション。

材料（2人分）

セロリ……½本
パプリカ（赤）……½個
ベーコン……2枚
サラダ油……大さじ½
赤唐辛子（小口切り）
　……1本分
塩麹……大さじ1強
粉チーズ……適量

◆ 1人分 134kcal
◆ 塩分 1.0g

作り方

1 セロリは筋を取り、パプリカはへたと種を取ってともに太めのせん切りにする。ベーコンは幅1cmに切る。

2 フライパンにサラダ油を中火で熱して赤唐辛子を焦がさないように炒め、香りが出たら、ベーコンを炒める。脂が出てきたらセロリ、パプリカの順に炒め合わせ、少ししんなりしたら塩麹を加えて全体に手早くなじませ、火を止める。

3 器に2を盛り、粉チーズをふる。

塩麹
Point
調味料に使う

ごぼうとにんじんの塩麹きんぴら

水を少し加えて炒めるとほどよい食感に

材料（2人分）

ごぼう……½本（80g）
にんじん……⅓本
ごま油……大さじ1
赤唐辛子（小口切り）
　……1本分
塩麹……大さじ1強

◆ 1人分 102kcal
◆ 塩分 0.6g

作り方

1 ごぼうはよく洗って皮をこそげ取り、縦半分に切り、斜め薄切りにしてからせん切りにする。にんじんも皮をむき、ごぼうと同じ長さに切る。

2 フライパンにごま油を中火で熱して赤唐辛子を焦がさないように炒め、香りが出たら、ごぼうを加え、油が回ったらにんじんを加えて炒め合わせる。

3 2に水大さじ2（分量外）を入れ、汁けがなくなったら塩麹を加えて全体に手早くなじませ、火を止める。

塩麹
Point
調味料に使う

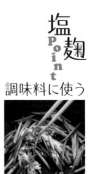

塩麹のカドのない塩気とまろやかな甘みだけで味つけ完了。

しいたけとにんじんの塩麹白あえ

食べる直前に素材とあえると水っぽくならない。

材料 (2人分)

木綿豆腐 …… ½丁(150g)
しいたけ …… 2〜3枚
にんじん …… ¼本(40g)
こんにゃく …… ¼枚
A 砂糖 …… 大さじ⅔
　 みりん …… 大さじ1
　 しょうゆ …… 大さじ½強
塩麹 …… 大さじ1
三つ葉(お好みで) …… 少々

◆ 1人分 104 kcal
◆ 塩分 2.0g

作り方

1 豆腐はペーパータオルで包み、重しをして豆腐の厚みが半分くらいになるまでしっかり水きりをする。

2 しいたけは軸を取って薄切り、にんじんは皮をむいて長さ2cmの細切りにする。こんにゃくは下ゆでして水けをきり、長さ2cmの短冊切りにする。

3 鍋にAを入れて火にかけ、煮立ったら2を入れて汁けがなくなるまで煮て、よく冷ます。

4 ボウルに1をくずしながら入れてゴムべらでよくつぶし、塩麹を加えてよく混ぜ、食べる直前に3をあえる。器に盛り、お好みで三つ葉を飾る。

塩麹
Point

しっかり
水きりをする

豆腐の水きりをしっかりすると塩麹とよくなじむ。

あえ衣に使う

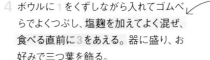

ハムとアボカドの塩麹白あえ

ハムを加えて子どもが好きな味に。

材料 (2人分)

木綿豆腐 …… ½丁(150g)
ハム …… 1〜2枚
アボカド …… ½個
塩麹 …… 大さじ1

◆ 1人分 147 kcal
◆ 塩分 0.8g

作り方

1 豆腐は「しいたけとにんじんの塩麹白あえ」を参照して水きりをする。

2 ハムは1cm四方に切る。アボカドは種をくり抜いて皮をむき、1.5cm角に切る。

3 ボウルに1をくずしながら入れてゴムべらでよくつぶし、塩麹を加えてよく混ぜ、食べる直前に2をあえる。

塩麹
Point

あえ衣に使う

やさしい味わいが心にしみる

白あえ

しいたけとにんじんの
塩麹白あえ

ハムとアボカドの
塩麹白あえ

あえもの

ほうれん草のしょうゆ麹あえ

お好みでのりやごまをトッピングしても。

材料（2人分）

ほうれん草 …… 大½束
　（約200～250g）
しょうゆ麹 …… 大さじ2
ごま油 …… 小さじ½～1

◆ 1人分48kcal ◆ 塩分1.5g

作り方

1　ほうれん草は根元の部分をよく洗う。塩少々（分量外）を加えた、たっぷりの熱湯で色よくゆで、ざるに上げる。水に放してすぐに水けをしっかり絞り、長さ3～4cmに切る。

2　しょうゆ麹とごま油を混ぜ合わせ、1をあえる。

あえ衣は
これで
味が決まる！

しょうゆ麹にごま油をほんの少しプラスしたあえ衣なら、コクがさらに出て失敗なく味が決まる！

アスパラのしょうゆ麹あえ

アスパラのほどよい甘みを堪能して。

材料（2人分）

アスパラガス
　……1束(4～5本)
しょうゆ麹……大さじ2
ごま油……小さじ½～1

◆ 1人分 37kcal ◆ 塩分 1.4g

作り方

1 アスパラガスは根元の固い部分
　を折る。塩少々（分量外）を加え、
　たっぷりの熱湯で3分ゆで、ざる
　に上げて水けをしっかりきる。
　粗熱がとれたら、長さ3～4cmの斜め切り
　にする。

2 しょうゆ麹とごま油を混ぜ合わせ、1をあえ
　る。

あえ衣は
これで
味が決まる！

もやしの
しょうゆ麹あえ

もやしはシャキッとゆでて！

材料（2人分）

もやし……½袋
しょうゆ麹……大さじ2
ごま油……小さじ½～1

◆ 1人分 37kcal ◆ 塩分 1.4g

作り方

1 もやしはひげ根を取り、たっぷりの
　熱湯で1～2分ゆでてざるに上げ、
　水けをしっかりきる。

2 しょうゆ麹とごま油を混ぜ合わせ、
　1をあえる。

あえ衣は
これで味が決まる！

さっぱりとした口当たりは箸休めに！

酢のもの

しょうゆ麹
POINT

たこときゅうりの酢のもの

きゅうりはあらかじめ、塩もみしなくてもOK。

材料（2人分）

ゆでたこ …… 100g
きゅうり …… 1本
みりん …… 大さじ1
しょうゆ麹、酢
　…… 各大さじ1 ½

◆ 1人分 76kcal
◆ 塩分 1.0g

作り方

1 みりんは耐熱容器に入れ、ラップをかけずに電子レンジで10秒加熱し（煮きりみりんを作る）、しょうゆ麹によく混ぜ、さらに酢をよく混ぜる。

2 たこときゅうりは乱切りにする。

3 ボウルに 1 を入れ、食べる直前に 2 を加えてあえる。

合わせ酢は
これで
味が決まる！

しょうゆ麹にレンジ加熱した煮きりみりん、酢を順に加えるだけで完成！

わかめとしらすの酢のもの

ミネラル豊富なわかめをしょうゆ麹であえて。

材料（2人分）

わかめ（乾燥）……2g
しらす……10g
みりん……大さじ1
しょうゆ麹、酢……各大さじ1½

◆ 1人分 26kcal ◆ 塩分 1.0g

作り方

1 わかめは水につけてもどし、水けをきって食べやすい大きさに切る。

2 みりんは耐熱容器に入れ、ラップをかけずに電子レンジで10秒加熱し（煮きりみりんを作る）、しょうゆ麹によく混ぜ、さらに酢をよく混ぜる。

3 ボウルに2を入れ、食べる直前に1としらすを加えてあえる。

合わせ酢はこれで味が決まる！

POINT しょうゆ麹

ミニトマトと玉ねぎの酢のもの

やわらかくなったスライス玉ねぎが美味。

材料（2人分）

ミニトマト……5個
玉ねぎ……½個
みりん……大さじ1
しょうゆ麹、酢……各大さじ1½

◆ 1人分 49kcal ◆ 塩分 0.7g

作り方

1 玉ねぎは薄切りにし、冷水にさらして水けをよくきる。ミニトマトはへたを取り、縦半分に切る。

2 みりんは耐熱容器に入れ、ラップをかけずに電子レンジで10秒加熱し（煮きりみりんを作る）、しょうゆ麹によく混ぜ、さらに酢をよく混ぜる。

3 ボウルに1の玉ねぎを入れて2を加えてなじませ、食べる直前に1のミニトマトを加えてあえる。

合わせ酢はこれで味が決まる！

POINT しょうゆ麹

*作りおき

うずら卵の塩麹漬け

きゅうりやプチトマトなどカラフル野菜と
一緒にピックに刺してもキュート。

材料（作りやすい分量）
うずら卵水煮 ……12個
塩麹 ……大さじ1強

◆ 全量で235kcal
◆ 塩分 1.7g

1.漬ける

うずら卵は水けをしっかりきり、ジッパー付き保存袋に入れ、塩麹を加えてまぶす。袋の空気を手で押して抜き、口を閉じて冷蔵庫で3日間漬ける。

※ 食べきりの目安 ……1週間以内

豆腐の塩麹漬け

漬けるだけでチーズ風味のおつまみに！
もちろん、絹ごし豆腐でもおいしく作れます。

材料（作りやすい分量）

木綿豆腐 …… 1丁（300g）
塩麹 …… 大さじ3

◆ 全量で 261 kcal
◆ 塩分 3.1g

1. 水きりをする

豆腐は半分に切り、半量ずつペーパータオルで包み、重しをして豆腐の厚みが半分くらいになるまでしっかり水きりをする。

2. 塩麹をまぶす

まな板にラップを広げ、塩麹大さじ½をスプーンなどで薄くのばす。その上に半量の豆腐をのせ、塩麹大さじ1をのせて全体にまぶす。これを2個作る。

3. 漬ける

豆腐をラップで包んでジッパー付き保存袋に入れ、袋の空気を手で押して抜き、口を閉じて冷蔵庫で3～5日間漬ける。漬け込んでいる途中で水分が出てきたら、水けを取り除いてラップで包みなおすとよい。

※ 食べきりの目安……1週間以内

野菜ミックスの塩麹漬け

常備菜として多めに漬けておくと便利。
キャベツや白菜、長いもなどでも試してみて。

材料（作りやすい分量）

大根……100g
にんじん……½本
きゅうり……1本
塩麹……大さじ3〜4

◆ 全量で110kcal
◆ 塩分 3.2g

作り方

1 大根とにんじんは皮をむき、きゅうりとともに3〜4cm長さの拍子木切りにする。

2 ジッパー付き保存袋に 1 を入れ、塩麹を加えてなじませ、袋の空気を手で押して抜き、口を閉じて冷蔵庫で1〜2時間漬ける。食べるときは軽く水けをきる。

※ 食べきりの目安……1週間以内

塩麹
Point
なじませて
漬ける

塩麹のチキンラタトゥイユ

多めに作ってパスタやパンにのせて食べても。

材料 (作りやすい分量)

トマト(完熟) ……3個
玉ねぎ…… 中1個
なす……3個
ズッキーニ、セロリ……各小1本
にんにく……1かけ
鶏もも肉 ……100g
オリーブオイル、塩麹
　　…… 各大さじ2
トマトケチャップ……大さじ1

◆ 全量で722kcal ◆ 塩分2.7g

作り方

1 トマトはへたを取り、玉ねぎとともに1.5
　cm角に切る。なすはへたを取り、ズッキー
　ニとともに縦4等分にし、さらに1.5cm
　角に切り、なすだけは水に5分さらし、水け
　をきる。セロリは筋を取って1cm幅、にん
　にくはみじん切り、鶏肉はひと口大に切
　る。

2 厚手の鍋にオリーブオイルとにんにくを入
　れて中火にかけ、香りが出たら玉ねぎを
　炒め、透き通ってきたら鶏肉を加えて炒め
　合わせる。肉の色が変わったらセロリ、な
　す、ズッキーニも炒め合わせ、トマトも加
　えて大きく混ぜ合わせる。

3 2に水大さじ2 (分量外)と塩麹を加えて
　ふたをし、弱めの中火で15～20分蒸し
　煮にし、仕上げにケチャップで味をととの
　える。

塩麹
Point
調味料に
使う

トマト缶を使わな
くても塩麹で深
みとコクが増す。

おかずの素

しょうゆ麹の鶏そぼろ …… お弁当

時間が経っても
しっとりとした口当たりに感激。

材料（作りやすい分量）

鶏ももひき肉 …… 200g
水 …… ¼カップ

A｜ みりん …… 大さじ2
｜ しょうゆ麹 …… 大さじ3

しょうが汁 …… 小さじ1

POINT しょうゆ麹

調味料に使う

作り方

1 鍋に水、**A**を入れて中火で煮立て、ひき肉を加えてさい箸3〜4本で常に混ぜながら3〜4分煮る。

2 汁けがほとんどなくなったら、しょうが汁を加え、鍋をぬれぶきんの上にのせ、2〜3分混ぜてしっとりとさせる。

※冷蔵庫で4〜5日間保存可能。

◆全量で378kcal ◆塩分 4.6g

しょうゆ麹の牛しぐれ煮 …… お弁当

白いご飯にトッピングして
思う存分食べたい！

材料（作りやすい分量）

牛切り落とし肉 …… 150g
しょうが …… 1かけ
水 …… ½カップ

A｜ しょうゆ麹 …… 大さじ2 ½
｜ 砂糖 …… 大さじ1 ⅓

POINT しょうゆ麹

調味料に使う

作り方

1 牛肉は小さく切る。しょうがはせん切りにする。

2 鍋に水、**A**を入れて中火にかけ、**1**を加えてアクをよく取り、落としぶたをして弱めの中火で汁けが完全になくなるまで煮る。

※冷蔵庫で4〜5日間保存可能。

◆全量で573kcal ◆塩分 4.9g

おにぎりの具・ふりかけ

しょうゆ麹のなめたけ
煮るだけだから簡単！ 少し酢を入れるのがポイント。

材料（作りやすい分量）

えのきたけ
　　…… 大2袋（400g）
酒 …… 大さじ2
しょうゆ麹 …… 大さじ3
酢 …… 小さじ1

◆ 全量で 149kcal
◆ 塩分 4.2g

作り方

1　えのきたけは根元を切り落とし、さらに3等分に切る。
2　フライパンか浅めの鍋に 1 を平らにほぐしながら入れ、酒をふって中火にかける。1〜2分煮たら弱火にし、ふたをして3分蒸し煮にする。しょうゆ麹を加えて再びふたをし、弱火で約10分煮る。仕上げに酢を回し入れて1〜2分煮て火を止める。

※冷蔵庫で4〜5日間保存可能。

POINT 調味料に使う

しょうゆ麹のしっとりツナふりかけ
調味はしょうゆ麹だけ！ 缶汁はよくきってから使って。

材料（作りやすい分量）

ツナ油漬け
　　…… 小2缶
サラダ油 …… 大さじ1
しょうゆ麹 …… 大さじ2
白いりごま …… 大さじ2

◆ 全量で 370kcal
◆ 塩分 3.6g

POINT 調味料に使う

作り方

1　ツナは缶汁をよくきる。
2　鍋にサラダ油を中火で熱し、1 をほぐすように3〜4分炒め、しょうゆ麹を加えて汁けがなくなるまで炒りつける。仕上げに白ごまを混ぜ入れる。

※冷蔵庫で4〜5日間保存可能。

しょうゆ麹ののり佃煮
市販品を超えちゃう濃厚な佃煮が完成。

材料（作りやすい分量）

焼きのり（全形）
　　…… 10枚
水 …… 1カップ
みりん …… 大さじ1
しょうゆ麹
　　…… 大さじ4〜5

◆ 全量で 176kcal
◆ 塩分 6.0g

POINT 調味料に使う

作り方

1　焼きのりは小さめに手でちぎる。
2　鍋に水、1 を入れて強火にかけ、煮立ったらみりん、しょうゆ麹を加えて弱火で10〜15分煮詰める。木べらで鍋底に道が作れるようになったらでき上がり。すぐに鍋から取り出して冷ます。

※冷蔵庫で1週間保存可能。

煮もの

かぼちゃの しょうゆ麹煮

ほっくりと煮上がったおふくろの味。

材料（2人分）
かぼちゃ …… ¼個（300g）
水 …… 1⅓カップ
砂糖 …… 大さじ½
しょうゆ麹 …… 大さじ1½

◆ 1人分 159kcal ◆ 塩分 1.0g

しょうゆ麹
POINT
調味料に
使う

作り方

1 かぼちゃはスプーンで種とわたをすくい取り、4cm角の食べやすい大きさに切る。皮の厚い部分をところどころ包丁で削ぎ、水適量（分量外）を張った鍋に入れて2～3分さらし、アクを抜く。

2 1の鍋の水を捨て、水を注ぎ、砂糖、しょうゆ麹を加えて強火にかけ、煮立ったら落としぶたをして中火にし、汁けがほとんどなくなるまで煮る。

＊冷蔵庫で3日間保存可能。

切り干し大根の しょうゆ麹煮

だし汁いらずでもおいしい！

材料（作りやすい分量）
切り干し大根（乾燥）
　…… 30g
にんじん …… ½本
油揚げ …… 1枚
水 …… 1½カップ
サラダ油 …… 大さじ1
ごま油 …… 小さじ1
砂糖 …… 大さじ½
しょうゆ麹 …… 大さじ2

◆ 全量で 417kcal ◆ 塩分 3.0g

しょうゆ麹
POINT
調味料に
使う

作り方

1 切り干し大根はさっと洗ってぬるま湯に約20分つけてもどす。よくもみ洗いしてから水けをしっかりきり、食べやすい長さに切る。にんじんは皮をむいて厚さ3mmの半月切りにする。油揚げは熱湯を回しかけて油抜きをし、食べやすい長さに切る。

2 鍋にサラダ油とごま油を強火で熱し、切り干し大根を入れて水けをとばすように炒め、全体に油がなじんだら、水を加えて煮立てる。にんじんと油揚げを入れ、砂糖、しょうゆ麹の順に加えて落としぶたをして、中火でときどき混ぜながら汁けが少し残るくらいまで煮る。

＊冷蔵庫で3日間保存可能。

Part 4

ごはん・めん

magical
one spoon

満足ごはん

しょうゆ麹の親子丼

胃もたれしない上品でやさしい味わい。
卵は半熟状に仕上げるのがポイント。

材料（2人分）

温かいごはん …… 軽く丼2杯分
鶏もも肉 …… 1枚（250〜300ｇ）
玉ねぎ …… ½個
きぬさや …… 2枚
卵 …… 2個
水 …… 1カップ
A　みりん …… 大さじ1
　　しょうゆ麹 …… 大さじ3

作り方

1　鶏肉は余分な脂肪を取り除き、ひと口大に切る。玉ねぎは1㎝幅のくし形切りにする。きぬさやは筋を取り、斜め細切りにする。卵は溶きほぐす。

2　フライパンに水、玉ねぎ、鶏肉を入れて中火にかけ、煮立ったら鶏肉をひとつずつ返し、肉の色が変わったら A を順に加える。

3　やや火を弱くしてきぬさやを散らし、溶き卵を外側から円を描くように回し入れ、鍋をゆすりながら、表面が半熟状になるまで火を通す。

4　丼にごはんを盛り、3をのせる。

◆ 1人分 721 kcal ◆ 塩分 2.4ｇ

POINT

しょうゆ麹

だし汁を
使わなくてOK！

水、みりん、しょうゆ麹のみでだし汁を使ったような奥深い味わいに。

具材は卵とねぎでシンプルなのに激ウマ！

塩麹のチャーハン <お弁当>

● 材料（2人分）

温かいごはん
　　……茶碗2杯分
A 卵……2個
　 塩麹……小さじ2
長ねぎ……⅓本
サラダ油……大さじ1
塩麹……大さじ1½
しょうゆ……小さじ½

◆ 1人分 405kcal
◆ 塩分 1.5g

● 作り方

1 Aはよく混ぜ合わせる。長ねぎはみじ
　ん切りにする。

2 フライパンにサラダ油を強火で熱し、
　Aを流し入れ、大きく混ぜながら半熟
　状に火を通し、すぐにごはんを加えて
　ほぐしながら炒め合わせる。

3 2に塩麹を加えて炒め、ねぎも加えて
　炒め合わせ、仕上げに鍋肌からしょう
　ゆを回し入れ、火を止める。

塩麹
Point

下味に使う

調味料に
使う

ほんのり焦げた香りが愛される理由！
たれは素焼きにしてから片面に塗るのがコツ。

塩麹の焼きおにぎり …

🍚 **材料**（2人分）

温かいごはん ……280g

A｜塩麹、しょうゆ
　　…… 各大さじ1

◆ 1人分 249kcal
◆ 塩分 1.8g

🍳 **作り方**

1　ごはんは半量ずつかために握って三角のおにぎりにし、アルミホイルにのせる。

2　Aは混ぜ合わせる。 ←

3　2分予熱した魚焼きグリルにアルミホイルごとおにぎりを入れて3分焼き、返して2分焼いて素焼きにする（両面焼きグリルなら2〜3分焼く）。Aを片面にぬってほどよく焦がすように焼く。

塩麹
Point

たれに
使う

しょうゆ麹のかやくごはん

お弁当

もっちり&ふっくら炊き上がって美味。

材料（4人分）

白米 …… 3合
鶏もも肉
　　…… 1枚（約200g）
油揚げ …… 1枚
こんにゃく
　　…… ⅓枚（約80g）
ごぼう …… 10cm
にんじん …… ⅓本（約50g）
しめじ …… ½パック
しょうゆ麹 …… 大さじ3
塩 …… 小さじ¼

◆ 1人分 564 kcal
◆ 塩分 1.5g

作り方

1 白米は普通に研いでざるに上げる。炊飯器に入れて3合の線まで水を入れ、30分～1時間浸水させる。

2 鶏肉は余分な脂肪を取り除き、1cm角に切る。油揚げは熱湯を回しかけて油抜きをし、2cm長さの拍子木切りにする。こんにゃくは2～3分下ゆでしてアクを抜き、2cm長さの短冊切りにする。ごぼうはたわしでよく洗い、3cm長さの拍子木切りにし、水にさらして水けをきる。にんじんは皮をむいて3cm長さの短冊切りにする。しめじは石づきを取り、小房に分ける。

3 1の炊飯器に しょうゆ麹を入れてざっと混ぜ、塩も加えて混ぜる。2の具材を全体に広げるように散らしてのせ、絶対に混ぜずに炊飯する。

4 炊き上がったらしゃもじで上下を返すようにさっくりと混ぜ合わせ、10分蒸らす。

しょうゆ麹

POINT

調味料に使う

しょうゆ麹と塩を先に混ぜると味ムラの防止に。具材をのせてからは絶対に混ぜないこと。

しょうゆ麹のまぐろ漬け丼

しょうゆ麹の漬け汁でなじませるだけで
まぐろのうまみが凝縮されておいしさアップ。

材料 (2人分)

温かいごはん …… 丼2杯分
まぐろ(刺身用) …… 1さく
　(約200g)
みりん …… 小さじ2
しょうゆ麹 …… 大さじ2
ごま油 …… 少々
青じそ、刻みのり
　…… 各適量

◆ 1人分 515kcal
◆ 塩分 1.5g

作り方

1 みりんは耐熱容器に入れ、ラップをかけず
　に電子レンジで10秒加熱し(煮きりみりん
　を作る)、しょうゆ麹によく混ぜ、さらにごま
　油をよく混ぜる。

2 まぐろはそぎ切りにし、1に5分漬け込む。

3 丼にごはんを盛って2をのせ、刻みのりと
　ちぎった青じそをのせる。

しょうゆ麹
POINT
漬け汁に
使う

コク旨めん

しょうゆ麹の ミートソーススパゲッティ

トマト味としょうゆ麹のマリアージュ。
子どもはランチに、大人はワインと一緒にどうぞ。

材料（2人分）

スパゲッティ …… 160g
合いびき肉 …… 350g
にんにく …… 1かけ
玉ねぎ …… ½個
しいたけ …… 2個
オリーブオイル …… 大さじ2
赤ワイン …… ¼カップ
トマト水煮缶 …… 1缶（約400g）
水 …… ½カップ
しょうゆ麹 …… 大さじ2½
パセリ（みじん切り）…… 適量
＊ ミートソースは作りやすい分量です。

◆ 1人分 607kcal
◆ 塩分 1.8g

POINT しょうゆ麹

スープの素＆塩が不要

ある程度煮詰めたところにしょうゆ麹を投入。スープの素＆塩を加えなくても深みのあるソースに。

作り方

1 にんにく、玉ねぎはみじん切り、しいたけは軸を取ってみじん切りにする。

2 フライパンにオリーブオイルを弱火で熱してにんにくを炒め、香りが出たら弱めの中火で玉ねぎ、しいたけを焦がさないようにじっくりと炒める。

3 2にひき肉を加えてパラパラになるまで炒め、肉に完全に火が通ったら、赤ワインを入れる。中火にして汁けが少なくなるまで煮詰め、水、トマト水煮を缶汁ごと加える。途中アクを引きながら弱火で1時間煮込み、しょうゆ麹で調味する。

4 スパゲッティはたっぷりの湯を沸かして塩適量（分量外）を入れ、袋の表示時間通りにゆで、ざるに上げて水けをしっかりきる。

5 器に4を盛り、3の半量ずつをかけ、パセリを散らす。

MEMO

残ったミートソースは粗熱がとれたら、ジッパー付き保存袋に入れ、冷蔵庫で3日間保存可能。ラザニアやグラタンのソースに使ってもおいしい。

しょうゆ麹のスパゲッティカルボナーラ

生クリームにしょうゆ麹?という意外な組み合わせ。
コクは出るのにしつこくないから驚きです。

材料 (2人分)

スパゲッティ …… 160g
ベーコン …… 3枚
卵 …… 2個
粉チーズ …… 大さじ2
生クリーム …… ⅔カップ
しょうゆ麹 …… 大さじ1
粗挽き黒こしょう …… 適量

◆ 1人分 841 kcal
◆ 塩分 1.8g

作り方

1 ベーコンは5mm幅に切る。スパゲッティはたっぷりの湯を沸かして塩適量(分量外)を入れ、袋の表示時間通りにゆで始める。卵は溶きほぐす。

2 フライパンにベーコンを入れ、中火でカリカリになるまで炒め、生クリームを入れて1〜2分煮る。しょうゆ麹、粉チーズを加えて火を止め、溶き卵を加えて手早く混ぜ合わせる。ゆで上がった1のスパゲッティを水けをきって加え、手早くあえるように混ぜる。

3 器に2を盛り、粗挽き黒こしょうをふる。

しょうゆ麹 POINT

調味料に使う ←

いつものとろろが奥深い味わいに早変わり！
おなかいっぱいでもスルスルと食べられます。

塩麹のとろろそば

材料 (2人分)

そば(乾燥) ……2束(200g)
大和いも……150 ～ 200g
塩麹……大さじ1
A | めんつゆ市販品
　　（2倍希釈のもの）
　　……½カップ
　　水…1 ½カップ
貝割れ菜 …… 適量
練りわさび……少々

◆ 1人分 478kcal
◆ 塩分 3.6g

作り方

1 大和いもは皮をむいてすりおろし、塩麹
を加えてよく混ぜ合わせる。

2 鍋に湯を沸かしてそばを袋の表示通りに
ゆで、ざるに上げて流水でよく洗い、しっ
かり水けをきって器に盛る。

3 2に1をのせて根元を切った貝割れ菜、
わさびを添える。混ぜ合わせたAをかけ、
よく混ぜながら食べる。

塩麹
Point

調味料に
使う

つまみ

ねぎやしょうがの代わりに塩麹をプラス。
ごはんにのっけて茶漬けにしても美味。

あじのたたき塩麹風味

🍘 材料（2〜3人分）

あじ（刺身用）……100g
A ┃ 塩麹……大さじ1½
　┃ ごま油……小さじ½
　┃ 酢……少々
青じそ……2枚

◆ 1人分 81kcal
◆ 塩分 0.9g

🍘 作り方

1 あじは包丁で粗めにたたき、Aを加えて混ぜ合わせる。
2 器に1を盛り、ちぎった青じそをのせる。

塩麹
Point
調味料に
使う

ゆずこしょうをきかせた粋な味わい。
トッピングしたのりともマッチ。

甘えびの塩麹タルタル風

🍘 材料（2人分）

甘えび（刺身用）……100g
A ┃ 塩麹……大さじ1
　┃ ゆずこしょう……少々
カットのり……適量

◆ 1人分 53kcal
◆ 塩分 1.0g

🍘 作り方

1 甘えびは殻をむき、包丁で粗めにたたき、Aを加えて混ぜ合わせる。
2 器に1を盛り、ちぎったのりをのせる。

塩麹
Point
調味料に
使う

あじのたたき塩麹風味

甘えびの
塩麹タルタル風

たこを加熱しすぎるとかたくなるので
やらわかく仕上げるにはさっと炒めるのがコツ。

たことにんにくのピリ辛塩麹炒め

材料（2人分）
ゆでたこ……130g
にんにく……小1かけ
オリーブオイル、
　唐辛子塩麹
　（作り方は下記参照）
　……各大さじ1

◆ 1人分 130kcal
◆ 塩分 0.9g

作り方
1 たこは3〜4mm厚さのそぎ切りにする。にんにくはみじん切りにする。
2 フライパンにオリーブオイルを弱めの中火で熱して、にんにくを焦がさないように炒め、香りが立ったらたこを入れ、唐辛子塩麹を加えて調味し、さっと炒め合わせる。

塩麹
Point
調味料に
使う

作っておくと料理の幅が広がる "唐辛子塩麹"
材料（作りやすい分量）と**作り方**
赤唐辛子（輪切り）大さじ2に塩麹大さじ4を混ぜ合わせる。保存容器に入れて冷蔵庫で2〜3日おく。
◆ 全量で70kcal ◆ 塩分 4.1g
＊ 冷蔵庫で2週間保存可能。パスタや野菜炒めなどに。

塩麹マジックでレバーのクセが気にならない！
好みで白髪ねぎをトッピングしても。

レバーの塩麹煮 …
お弁当

材料 (2人分)
鶏レバー……200g
水 ……1カップ
塩麹 ……大さじ1½
酒 ……大さじ1

◆ 1人分 123kcal
◆ 塩分 1.0g

作り方
1 レバーは脂肪や血のかたまりを取ってから食べやすく切り、流水でよく洗って血抜きをする。鍋に湯を沸かしてさっと下ゆでし、水けをきる。
2 鍋をさっと洗って水、1を入れて火にかけ、煮立ったらアクを取り、酒と塩麹を加えて中火で煮汁がほとんどなくなるまで煮る。

塩麹
Point
→ 調味料に
使う

しょうゆ麹のシーフードフリッター

和風仕立てのフリッター。レモンをギュッと絞って召し上がれ。

🫧 材料（4人分）

するめいかの胴
　　……1ぱい分
えび……6尾
生だら……2切れ
しょうゆ麹……大さじ1½
A｜卵……1個
　｜牛乳……⅓カップ弱
　｜薄力粉……80g
　｜しょうゆ麹……小さじ1
揚げ油……適量
レモン（厚めのいちょう切り）
　　……4枚

◆ 1人分 246 kcal
◆ 塩分 1.2 g

🫧 作り方

1 いかはわたを抜き、薄皮ごとていねいに皮をむく。5mm幅の輪切りにし、水けをよくふき取る。えびは尾の1節だけ残して殻をむき、たらは骨があれば抜き、3等分に切る。魚介類すべてにしょうゆ麹をまぶして10分おく。

2 Aの卵は卵黄と卵白に分け、卵白は水けのないボウルに入れる。卵黄を入れたボウルに牛乳、薄力粉を加えて混ぜ合わせる。卵白は角が立つくらいまで泡立て器で泡立て、しょうゆ麹をゴムべらでさっくりと混ぜ、卵黄を入れたボウルに2回に分けて加え、泡をつぶさないようにさっくりと混ぜ合わせる。

3 揚げ油を中温（180℃）に熱し、1の汁けを軽くきって2にくぐらせて入れる。焦がさないように途中返しながら淡いきつね色になるまで揚げる。器に盛り、レモンを添える。

POINT

しょうゆ麹

下味に使う

卵白に
混ぜる

泡立てた卵白にしょうゆ麹をさっくりと混ぜて。軽い衣に仕上がって油っこくない。

Part 5

たれ・ソース・ドレッシング

magical
one spoon

*

塩麹だれ・ソース・ドレッシング 5種

塩麹の すりおろし玉ねぎだれ

塩麹で玉ねぎの甘みが引き立ちます。

tare

● **材料**（作りやすい分量）

塩麹……大さじ4

玉ねぎ（すりおろし）……½個分

みりん……大さじ2

● **作り方**

ボウルに塩麹を小さめのざるでしっかりこしながら入れ、残りの材料を加えて混ぜ合わせる。

＊冷蔵庫で3〜4日間保存可能。

◆ 全量で184kcal ◆ 塩分4.1g
◆ 大さじ1で15kcal ◆ 塩分0.3g

塩麹 レモンドレッシング

レモンの酸味でさわやかな味わいに！

● **材料**（作りやすい分量）

塩麹、オリーブオイル……各大さじ3

レモン汁……1個分

砂糖……小さじ½

● **作り方**

ボウルにすべての材料を入れて混ぜ合わせる。

＊冷蔵庫で2〜3日間保存可能。

◆ 全量で390kcal ◆ 塩分3.1g
◆ 大さじ1で47kcal ◆ 塩分0.3g

dressing

sauce

塩麹の バーニャカウダ風ソース

塩麹をアンチョビ代わりに活用!

材料 (作りやすい分量)

塩麹 ……大さじ2
にんにく (粗みじん切り)
　……小1かけ分
オリーブオイル
　……大さじ3
牛乳 ……¼カップ
薄力粉 ……大さじ1

作り方

フライパンにオリーブオイルを弱めの中火で熱してにんにくを焦がさないように炒め、香りが立ったら薄力粉を加えて粉っぽさがなくなるまで炒める。牛乳を少しずつ加え、塩麹で調味する。

＊冷蔵庫で2～3日間保存可能。

◆ 全量で 434kcal ◆ 塩分 2.1g
◆ 大さじ1で 45kcal ◆ 塩分 0.2g

塩麹ねぎだれ

ごま油とねぎのベストコンビ!

材料 (作りやすい分量)

塩麹 ……大さじ4
長ねぎ (みじん切り) ……⅔本分
ごま油 ……大さじ3

作り方

ボウルに塩麹を小さめのざるでしっかりこしながら入れ、残りの材料を加えて混ぜ合わせる。

＊冷蔵庫で3～4日間保存可能。

◆ 全量で 410kcal ◆ 塩分 4.1g
◆ 大さじ1で 26kcal ◆ 塩分 0.2g

tare

塩麹チーズだれ

濃厚な味わいがクセになりそう!

材料 (作りやすい分量)

塩麹 ……大さじ4
粉チーズ、オリーブオイル、ポン酢しょうゆ
　……各大さじ2

作り方

ボウルにすべての材料を入れて混ぜ合わせる。

＊冷蔵庫で4～5日間保存可能。

◆ 全量で 359kcal ◆ 塩分 7.5g
◆ 大さじ1で 35kcal ◆ 塩分 0.7g

塩麹の
すりおろし玉ねぎだれ
を使って

牛肉のステーキ
塩麹オニオンソース

焼き肉だれのレパートリーに加えても。

● **材料**（2人分）

牛肉（ステーキ用）
　……2枚
塩、こしょう……各少々
サラダ油……大さじ1
塩麹のすりおろし玉ねぎだれ
　（作り方はp128を参照）
　……大さじ2〜3
クレソン……適量

◆ 1人分 344 kcal
◆ 塩分 1.3g

● **作り方**

1 牛肉は塩、こしょうを両面にふる。

2 フライパンに半量のサラダ油を中火で
　熱し、牛肉1枚をお好みの加減に焼き、
　器に盛る。もう1枚も同様に焼く。

3 2に塩麹のすりおろし玉ねぎだれをか
　け、クレソンを添える。

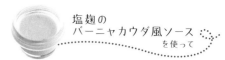

蒸し野菜の
塩麹バーニャカウダ風ソース

生野菜やグリルで焼いた野菜でもおいしい!

材料 (2人分)

にんじん……⅓本(60g)
アスパラガス……3本
かぼちゃ……約⅛個(約100g)
ズッキーニ……½本
塩麹のバーニャカウダ風ソース
　(作り方はp129を参照)
　……半量
◆ 1人分 179kcal
◆ 塩分 0.6g

作り方

1 にんじんは皮をむき、5cm長さの拍子木切りにする。アスパラは軸のかたい部分を折る。かぼちゃは5mm幅の薄切りにする。ズッキーニは縦4等分に切る。

2 耐熱容器に1を並べ、ラップをかけて電子レンジで5分加熱する。

3 器に2を盛り、塩麹のバーニャカウダ風ソースを添え、つけながら食べる。

塩麹チーズだれ
を使って

かじきのムニエル 塩麹チーズだれ

生鮭やあじをムニエルにしても OK。

材料（2人分）

かじき……2切れ
薄力粉……適量
トマト……1個
バター……大さじ2
塩麹チーズだれ
　（作り方はp129を参照）
　……大さじ2

◆ 1人分 301 kcal
◆ 塩分 1.2g

作り方

1 かじきは薄力粉を薄くまぶす。トマトはへたを取り、横6等分の輪切りにする。

2 フライパンにバターを中火で溶かし、かじきを並べ、フライパンをゆすりながら1〜2分焼く。焼き色がついたら返してふたをし、弱火で2〜3分焼く。

3 器にトマトを敷いて2をのせ、塩麹チーズだれをかける。

いかとスプラウトの塩麹ねぎだれあえ

塩麹ねぎだれ
を使って

まぐろやたこの刺身にもぴったり！

材料（2人分）

いか（刺身用）……60g
ブロッコリースプラウトなど
　好みの（新芽）野菜 ……2パック
塩麹ねぎだれ（作り方は p129 を参照）
　……大さじ1

作り方

1 いかは4〜5cm長さの1cm幅に切る。スプラウ
　トは根元を切り落とす。

2 ボウルにいかと塩麹ねぎだれを入れてよくあえ、
　スプラウトを加えてさっくり混ぜる。

◆ 1人分 48kcal
◆ 塩分 0.4g

グリーンサラダ塩麹レモンドレッシング

塩麹
レモンドレッシング
を使って

麹入りドレッシングだから葉野菜とからみやすい。

材料（2人分）

サニーレタス……2〜3枚
ベビーリーフ…… 適量
塩麹レモンドレッシング
　（作り方は p128 を参照）……大さじ1〜2

作り方

1 サニーレタスは食べやすい大きさにちぎる。ベ
　ビーリーフと一緒に洗ってから冷水にさらしてシ
　ャキッとさせ、水けをしっかりきる。

2 器に1を盛り、食べる直前に塩麹レモンドレッ
　シングをかける。

◆ 1人分 31kcal
◆ 塩分 0.2g

しょうゆ麹だれ・ソース・

dressing

tare

玉ねぎの辛みと甘みがアクセント。

しょうゆ麹の
オニオンドレッシング

材料（作りやすい分量）

しょうゆ麹、酢 …… 各大さじ2
玉ねぎ（すりおろし）…… ½個分
オリーブオイル …… 大さじ3

作り方

1 ボウルにすべての材料を入れて混ぜ合わせる。

＊冷蔵庫で5〜6日間保存可能。

◆全量で 414 kcal ◆塩分 2.8g
◆大さじ1で 41 kcal ◆塩分 0.3g

すりごまのコクと梅干しの酸味がマッチ。

しょうゆ麹の
黒すりごま梅肉だれ

材料（作りやすい分量）

しょうゆ麹 …… 大さじ4
梅干し …… 2個
黒すりごま …… 大さじ1
みりん …… 大さじ3

作り方

1 みりんは耐熱容器に入れてラップをかけずに電子レンジで30秒加熱する（煮きりみりんを作る）。梅干しは種を取って包丁でたたく。
2 ボウルに1と残りの材料を入れて混ぜ合わせる。

＊冷蔵庫で10日間保存可能。

◆全量で 199 kcal ◆塩分 8.3g
◆大さじ1で 25 kcal ◆塩分 1.0g

ドレッシング 4 種

sauce

香味野菜とコチュジャンで食欲を誘う。

しょうゆ麹の韓国風だれ

 材料（作りやすい分量）

しょうゆ麹 …… 大さじ4
長ねぎ（みじん切り）…… 大さじ1
にんにく（みじん切り）…… 小1かけ分
白すりごま、酢、ごま油 …… 各大さじ1
コチュジャン …… 小さじ1

作り方

1 ボウルにすべての材料を入れて混ぜ合わせる。

＊冷蔵庫で5～6日間保存可能。

◆ 全量で 271 kcal ◆ 塩分 6.1g
◆ 大さじ1で 39 kcal ◆ 塩分 0.9g

さわやかなバジルをきかせた和風イタリアン。

しょうゆ麹のハニーバジルソース

材料（作りやすい分量）

フレッシュバジル …… 7～8枚
A しょうゆ麹 …… 大さじ3
　 はちみつ、バルサミコ酢
　　 …… 各小さじ1
　 オリーブオイル …… 大さじ4

作り方

1 バジルは粗みじん切りにする。
2 ボウルにAを入れてよく混ぜ合わせ、最後に1を加えて混ぜる。

＊冷蔵庫で3～4日間保存可能。

◆ 全量で 522 kcal ◆ 塩分 4.2g
◆ 大さじ1で 58 kcal ◆ 塩分 0.5g

しょうゆ麹の
韓国風だれ
を使って

豚スペアリブと
かぼちゃの韓国風煮もの

ボリュームたっぷりでスタミナがつきそう。

🌿 材料（2人分）

豚スペアリブ
　……　大4本（中8本）
かぼちゃ …… 約⅙個
　（200 〜 250g）
サラダ油 …… 大さじ1
水 …… 1½カップ
しょうゆ麹の韓国風だれ
　（作り方はp135を参照）
　…… 大さじ3

◆ 1人分 396kcal
◆ 塩分 1.4g

🌿 作り方

1　かぼちゃはスプーンで種とわたをすくい取り、2cm厚さに切る。

2　鍋にサラダ油を中火で熱してスペアリブを焼きつけ、かぼちゃも入れて焼き、水を加える。煮立ったら、しょうゆ麹の韓国風だれを加え、落としぶたをして汁けが⅓量になるまで煮る。落としぶたをはずし、鍋をときどきゆすりながら汁けが少し残るくらいまで煮る。

牛肉ともやしの
しょうゆ麹黒すりごま炒め

セサミンとクエン酸たっぷりの美人レシピ！

しょうゆ麹の
黒すりごま梅肉だれ
を使って

🥄 材料（2人分）

牛薄切り肉 …… 100g
もやし …… ½袋
サラダ油 …… 大さじ1
しょうゆ麹の黒すりごま梅肉だれ
　（作り方はp134を参照）…… 大さじ2

🥄 作り方

1 牛肉は1.5cm幅に切る。もやしは洗ってひげ根を取る。

2 フライパンにサラダ油を中火で熱して牛肉を炒め、完全に肉の色が変わったらもやしを加えて1～2分炒める。しょうゆ麹の黒すりごま梅肉だれを加えて火を強くし、約1分手早く炒め合わせる。

◆ 1人分 256kcal ◆ 塩分 1.1g

焼き野菜の
和風ドレッシングマリネ

しょうゆ麹の
オニオン
ドレッシング
を使って

野菜がアツアツのうちに漬け込んで。

🥄 材料（2人分）

パプリカ（赤）…… 1個
万願寺唐辛子 …… 大3本
しょうゆ麹のオニオンドレッシング
　（作り方はp134を参照）…… 大さじ3～4

🥄 作り方

1 パプリカと万願寺唐辛子はへたと種を取り、それぞれ縦4等分に切る。

2 2分予熱した魚焼きグリルに1を並べ入れ、片面焼きグリルなら、強火で7～8分ときどき返しながら焼く（両面焼きグリルなら6～7分焼く）。

3 2が熱いうちにしょうゆ麹のオニオンドレッシングに10分以上漬け、なじませる。

◆ 1人分 84kcal ◆ 塩分 0.4g

しょうゆ麹の
オニオンドレッシング
を使って

きのこ＆鮭フレークの
和風ドレッシングパスタ

オイルベースでもほどよい酸味でしつこさはなし！

材料（2人分）

スパゲッティ …… 160g
エリンギ …… 大1本
しめじ …… ½パック
オリーブオイル …… 大さじ1
鮭フレーク …… 60g
しょうゆ麹の
オニオンドレッシング
（作り方はp134を参照）
…… 大さじ6

◆ 1人分 547 kcal
◆ 塩分 1.7g

作り方

1 エリンギは長さ2〜2.5cmの食べやすい
大きさに切る。しめじは根元を切り落と
し、小房に分ける。スパゲッティはたっぷ
りの湯を沸かして塩適量(分量外)を入れ、
袋の表示時間通りにゆで始める。

2 フライパンにオリーブオイルを中火で熱
し、きのこ類をしんなりするまで炒め、汁け
をしっかりきった1のスパゲッティを加え
て炒め合わせる。鮭フレークを加えて炒め
合わせ、しょうゆ麹のオニオンドレッシン
グを回しかけてひと炒めし、火を止める。

しょうゆ麹 de
かつおのユッケ風

しょうゆ麹の
韓国風だれ
を使って

お酒がすすむ粋な味わい。韓国のりで巻いても。

材料（2人分）

かつお（刺身用）…… 100 ～ 120g
しょうゆ麹の韓国風だれ
　（作り方はp135を参照）…… 大さじ1 ～ 1½
うずら卵…… 2個

作り方

1 かつおは小さく切ってからさらに包丁で細かくた
　たき、しょうゆ麹の韓国風だれとあえる。

2 器に1を盛って中央にうずら卵を割り入れ、混ぜ
　ながら食べる。

◆ 1人分 94 kcal ◆ 塩分 0.5g

しょうゆ麹の
ハニーバジルソース
を使って

トマトの
ハニーバジルサラダ

モッツァレラチーズを一緒にあえても。

材料（2人分）

トマト…… 大1個
しょうゆ麹のハニーバジルソース
　（作り方はp135を参照）
　　…… 大さじ2 ～ 3

作り方

1 トマトは縦半分に切り、へたを取って大きめのひ
　と口大に切る。

2 1をしょうゆ麹のハニーバジルソースであえる。

◆ 1人分 77 kcal ◆ 塩分 0.5g

著者 **武蔵裕子**〈むさし・ゆうこ〉

料理研究家。双子の息子と両親の3世代の台所を切り盛りする中で生まれたレシピは、おいしくて栄養たっぷりなのはもちろん、簡単で作りやすいと幅広い世代で人気。雑誌や書籍をはじめ、企業メニューの開発など多方面で活躍中。『塩麴・甘酒・キムチで作る小鍋』（新星出版社）、『たれソース700』（永岡書店）、『フライパンひとつで、麺』（文化出版局）、『「水だし」さえあれば和食はかんたん！』（主婦の友社）など多数。

✳ アートディレクション・本文デザイン・イラスト ● 成田由弥〈moca graphics゛〉
✳ 撮 影 ● 馬場敬子（カバー、p1、p4-5、p18-35、p95、p127、p111、p144）／
　　　　　松島 均（カバー、p6-15、p36-94、p96-110、p112-126、p128-139）
✳ スタイリング ● 石川美加子（カバー、p1、p4-5、p18-35、p95、p127、p111）／
　　　　　しのざきたかこ（カバー、p6-15、p36-94、p96-110、p112-126、p128-139）
✳ 調理アシスタント ● 五十嵐朝子
✳ 栄養アドバイス・エネルギー＆塩分計算 ● 大越郷子／牧野直子 スタジオ食（studio coo）
✳ 構成・編集 ● 倉橋利江

✳ 商品提供＆取材協力 ● 兵藤糀店 〒444-0824 愛知県岡崎市上地町丸根53 TEL／FAX0564-51-9202

✳ 器協力 ● 株式会社キントー Tokyo Office／うつわ謙心／工房一粒

塩麴・しょうゆ麴の定番レシピ

2021年3月25日　初版発行

著　者	武　蔵　裕　子	
発 行 者	富　永　靖　弘	
印 刷 所	株式会社新藤慶昌堂	

発行所　東京都台東区　株式　**新星出版社**
　　　　台東2丁目24　会社
　　　　〒110-0016 ☎03(3831)0743

Ⓒ Yuko Musashi　　　　　　　　　　Printed in Japan

ISBN978-4-405-09404-8